いのちと性の物語

人格的存在としての人間の倫理

竹内修一
Osamu Takeuchi

春秋社

ともに学んだすべての学生に捧げる

はじめに

二〇一一年三月一一日、私たちは、未曾有の災害を体験した――東日本大震災。それから七〜八年経った頃、たまたまラジオを聞いていると、一人の女性が次のようなことを語っていた。おそらく、あの一〇メートル余りもの津波を見てのことであろう。思わずこう呟いたという――「あり得ない。」すると、隣りでそれを聞いていたその方のお母さんが、こう言ったという――「世の中に、あり得ないなんてことはないのよ。」なぜか、納得できる言葉だった。「あり得ない」――それはいったい、どういった思いから出てくる言葉なのだろう。おそらくそれは、現実に何かを目の前にしていながらも、なぜそれが起きたのか、そのことの原因・根拠が説明できない、ということの一つの表明ではないだろうか。しかし、事実は事実として現に起きている。ここから私たちは、次のことを学べるのではないだろうか――「現実」は、常に私たちの理解を超えている。同様のことは、今もなお、収束の目途が立たないコロナ禍の問題についても言えるであろう。私たちの日常生活はこのように、極めて不確かな状況の中で営まれている。一つとして、あたりまえのことはないのかもしれない。しかしだからといって、「現実」は、ただ単に無秩序で混沌とした状態の中にある、というわけでもないだろう。

人間は、実に不確かな存在である。たとえ誠実に生きようとしても、いつもそれが実現できるというわけではない。これが、人間の「現実」である。それゆえ私たちには、何らかの「秩序」が求められる。それをここでは、「倫理」と呼びたい。しかしこの倫理は、ただ単に私たちに義務や規則・規範の遵守を求める、といったものではない。もしそのようなものならば、それよっては人間の真の自由が、本来あるべき方向に導かれることはないだろう。むしろここで求められる倫理は、物語としての「いのちの倫理」である。この倫理は、まず「いのちの尊厳」を守ることを原点とする。同時にまた、複雑な現実生活の中にあって、具体的諸問題に対してしなやかに相対していく。それによって私たちは、自らの「仕合せ」を目指すと共に、「共通善」の実現へと導かれていくだろう。

　私たちの生活・世界は、常に変化していく。それは多くの場合、進歩・発展と言われるかもしれない。かつては可能性の域にあったものが、今日では現実のものとなっている、ということも珍しくはない。とりわけ、それは、生命科学や生殖医療関係において、顕著であろう。それだからこそ、私たちには、忘れてはならないことがある――それが、「いのちの尊厳」である。「可能であるからといって、それをやってもいいのか」――私たちは、常にこの問いかけに立ち帰らなければならない。さまざまな生殖医療技術の進歩・発展の一方で、「いのちの尊厳」が脅かされていることも稀ではない。それゆえ、たとえ難しい問題であっても、私たちは、常に誠実な態度でそれらに向かうことが求められる。

　本書は、私がこれまで上智大学で開講してきた二つの授業――「いのちの倫理」と「性の倫理」――を基盤としている。全体は、次のように三つの部分によって構成される。第1部は、「物語としての倫理」である。これは、倫理学の概観というよりも、第2部以降で個々の諸問題を取り扱うにあたって、どのような思想基盤・方法論に基づいて考察したら、より良い方向性が見出され得るのか、そのことを提示したものである。ここで展開される「倫理」は、いわゆる、義務論的倫理（カント）でもなければ、状況倫理（J・フレッチャー）でもない。私たちが生きるにあたっては、やはり、何らかの規範・基準が必要であろう。しかしそれらは、いつでもまたどこでも、無条件に「現実」に適用され得るものではないし、またそうすべきものでもない。その時々の状況に応じて、臨機応変に適用していくことこそが望ましいだろう。その意味で、ここでの「倫理」を「物語としての倫理」として捉えたい、と思う。

倫理に関する諸問題は、実にさまざまであり、また複雑でもある。それゆえ、ともすると私たちは、それらに振り回され、より根本的なことを見失う可能性もある。そこで、そのようなことをできるだけ避けるためにも、まず基本的な概念として、次のようなキー・ワードの理解を抑えておきたい――「いのち」「人格（的存在）」「徳」、そして「良心」などである。これらは、ある意味で抽象的な印象を与えるかもしれない。しかし抽象的とは、別の見方をするなら、具体的な形はいかようにもある、ということでもある。

第2部は、具体的諸問題を取り上げる。といってもここで、現在私たちを取り巻くすべての問題を取り上げることはできない。そこでまず、人間が生まれて来る時に関する諸問題として、「生殖補助医療」「出生前診断」「人工妊娠中絶」、そして「優生思想」を取り上げたい。この「優生思想」は、ただ単に人間が生まれて来る時だけでなく、後半で取り上げられる人間が亡くなる時に関する諸問題においても、重要な位置を占めている。後半で取り扱う諸問題は、「脳死・臓器移植」「安楽死・尊厳死」「ケアリング」「ホスピス・緩和ケア」、そして「死刑・死刑制度」である。

第3部は、「性の倫理」である。性に関する諸問題においても、「いのちの尊厳」は、その原点に位置する。「人格としての性」は、ここから始まる。人間の性は、決して付帯的なものではなく、むしろ、人間の人格の本質に根差している。すなわち性を真摯に受け止めている人は、やはり真摯な人であり、逆もまたしかりである。それゆえ、ある人が性をどのように理解・受容しているか、それを見れば、その人がどういう人物であるかは、だいたい推し量られるのである。「人格としての性」は、「セックス」(sex)としての性、また「ジェンダー」(gender)としての性のレベルに留まらず、「セクシュアリティ」(sexuality)としての性において、より広くまたより深く理解される。本書においては、この性について、以下のような四つの観点から考察した。すなわち、「人格としての性」「関係性としての性」「言語としての性」、そして「性と結婚」である。

以上が、本書の構成である。読まれる方は、もちろん第1部から読まれてもいいし、もし具体的な諸問題に興味があるのなら、第2部以降から読まれても構わない。

いのちと性の物語　目次

いのちと性の物語——人格的存在としての人間の倫理

第1部 物語としての倫理

人間は、たとえ誠実に生きようとしても、いつもそれが上手くいくというわけではない。時として過ちを犯す。あることが正しいことだと分かっていながらそれができなかったり、悪いことだと知りながらも、ふとそれを行ってしまったりする。このように人間は、実に不確かな存在である。しかしそれが、人間の現実である。そこで求められるもの――それが、「倫理」である。しかしこの倫理は、いつでもまたどこでも通用するような、不変的・普遍的なものではない。そこで私たちに求められること――それは、常に具体的状況を見据えながら、人間の一つひとつの行為の「正・不正」(right-wrong) と共に、その行為者の「善・悪」(good-evil) を見ること、これである。このような倫理を、ここでは「物語としての倫理」と呼びたい。

この倫理を考察するにあたっては、いくつかのキー・ワードがある。換言すればそれらは、「物語としての倫理」の基本的構成要素とも言っていいだろう。それらは、「いのち」「人格（的存在）」「徳」、そして倫理的判断にあたって極めて重要な位置を占める「良心」である。

生きるということには、秩序が求められる。それをここでは、「倫理」と呼ぶことにしたい。「倫理」という言葉は、しかし、一般的にはどのような印象を人々に与えているのだろうか。もしかしたらそれは、義務や規則・規範といったものかもしれない。だとすると、倫理的な生き方とは、それらに従って生きることとなる。その場合倫理は、何か人間の自由を抑制・拘束するようなもの、換言すれば、何か否定的なものとして理解されることになる。しかしはたしてそれが、倫理の本来的なあり方であろうか。むしろ倫理とは、それによって私たちが、いっそう自己の涵養へと導かれ、より良い社会の形成に寄与すべきものなのではないだろうか。

「わたしは自分の望む善は行わず、望まない悪を行っている」（ローマの信徒への手紙〔以下、ロマ〕7：19）[1]——これは、パウロが呻吟するように、まさに生身の人間の「現実」である。そのような人間を、どうして法や規則・規範だけで捉えることができるだろうか。確かに、ある人の行為について「正・不正」の判断はできるかもしれない。しかしそれ以上に大切なのは、なぜその人が、その行為をしようとしたのか、その動機・意図であり、その人の心の状態《ありかた》ではないだろうか。そこで問われるのが、行為者の「善・悪」である。

第1章 「生命」から「いのち」へ

「いのち」と「生命」とは、端的に同じものではない。前者は後者を含みながらも、それ以上の内容をもっている。つまり「いのち」とは、単なる生物学的な意味での「生命」に止まらず、ある人の生きがいやライフワーク、更には、生きることの意義そのものまでも含んでいる。

日々私たちは、さまざまな集団に属しながら生活している。例えば、家族、学校、会社、サークル、地域、国、そしてこの地球などである。このように一人の人間は、さまざまなグループの重なりの中で生きている、と言える。しかし、もしどこにも自分の属する所が見出せないとき、私たちは、どうなるのだろうか――孤独。自分の思いを届ける人もなく、語りかけられる言葉もない。そのようなとき人は、「いのち」を失う。

毎年三万人弱の人が、自らの生命を絶っている――これが、この国の現実の姿。悲しむべき現実である。[1]

しかし私たちは、本来、例外なく〝いのちそのもの〟に属している。〝いのちそのもの〟とは、私たち一人ひとりに、それぞれのいのちを与えてくれる、そのような存在である。換言すれば、あらゆるいのちの根源である。問題は、その事実が見えなくなること、感じられなくなること、にあるのではないだろうか。

1・1 「いのちの倫理」の射程

「生命倫理」から「いのちの倫理」へ

「生命倫理／バイオエシックス」（bioethics）——この言葉が初めて提唱されたのは、V・R・ポッター（一九一一–二〇〇一）の論文・著書においてである。(2) 現在、生命倫理と言えば、その多くは生殖医療関係において語られるが、当初、彼がこの言葉によって考えていたのは、むしろ環境倫理であった、と言われる。いずれにしても、bioethics は、ギリシア語の *bíos*（生命）と *ēthikē*（倫理）から造られた言葉である。しかし *bíos* は、単なる生物学的な意味での生命に尽きるものではなく、さらには、一人の人間の生活や生きがい、また人生観・哲学・ライフワークなど、また時には、〝いのちそのもの〟としての神との関係にまでも及ぶ。それゆえ、以下の論述においては、より包括的な意味を持つものとして、基本的に「いのち」という表記を用いたい。

与えられたこのいのち

気がつけば私たちは、〝今ここに〟（here and now）このようにして生きている。というよりはむしろ、生かされている、といった方が相応しいかもしれない。いのちの確からしさ——それを感じるのは、決して抽象的な理論の中ではなく、日々の生活の中で自然や人と出会い、感動や喜び、あるいは不安や悲しみを体験する時ではないだろうか。その根拠は、〝いのちそのもの〟にある。この事実に対して、私たちは、ただ謙虚に頭を垂れる。〝いのちそのもの〟は、私たちにまったく自由に、それぞれのいのちを与え（恵み）、それに対して、私たちもまた、まったく自由に応える（感謝）。この素朴な事実を前にして、私たちは、いったいどのような態度を取るべきだろうか。おそらくそれは、言葉を慎み頭を垂れ、ただこの事実に感謝することではないか、とそう思う——いのちの体験。

「いのちとは、いったい何だろう」——このあまりにも直截的な問いかけに、私たちは、思いを巡らせ、身体《からだ》を整え、答えを尋ねる。それにもかかわらず、いつも（これで十分）といった答えは与えられない（なぜだろう）。いのちは、こんなにも自分の中心にあり身近なものでありながら、その深みはいつも自分の理解を超えて行く。それでも、一つの事実が確かなこととして与えられる。いのち——それは、自分が自分であることを可能にしてくれるもの、この事実である。

いのちの現実

私たちの身体は、約六〇兆もの細胞からなっている、と言われる。そしてそれらは、早いものなら二〜三日で、遅いものでも六年位で入れ替わる、とも言われる。一〇年前の自分の身体を構成していた細胞は、今はどこにも存在しない。それにもかかわらず、私たちは、依然として「自分は自分である」ということを経験する（アイデンティティ）。これは当り前のようでいて、実は、とても不思議なことではないか、とそう思う。このアイデンティティの根拠は、いったいどこにあるのだろうか。少なくとも分かるのは、細胞ではないということ。そこでまず気づかされること、それは、自分のいのちは、初めも終わりも与えられたものであるということ。そして自分のいのちは、確かに自分のいのちではあるが、同時にまた自分だけのものではない、ということ。

いのちはいったい、どこから来て（根源）どこへ向かうのだろうか（目的）。すべてのいのちは、唯一の根源から来ているのではないか。草も花も虫も鳥も動物も、そして人間も。そうでなければ、この自然界・宇宙を統《す》べる秩序について、どう説明できるというのだろうか。その秩序を前にして驚きと畏怖を感じるとき、人は、真にいのちに対する心からの敬意を学ぶのではないだろうか。

いのちの視座

生命に関する諸科学の進歩・発展は著しく、その応用範囲もいっそうの広がりを見せている。昨日までは可能性の域にあったものが、今日は現実のものとなっている、ということもまれではない。それに伴い、「いのちの倫理」が取り扱う諸問題も、広範囲に渡る。そこで求められるのが、学際的な研究である。換言すれば、「いのちの倫理」は、生命科学はもちろんであるが、さらには政治・経済や文化、そして哲学や宗教の観点からのアプローチも視野に入れていかなければならないだろう。

これらの進歩・発展は、それ自体否定されるべきものではない。問題は、それらの進歩・発展が、私たちの生活をより豊かなものとしているかどうか、という点にある。実際その一方で、「いのちの尊厳」は、さまざまな場面で脅かされているのも事実である。それは、人間が生まれる前から（中絶）、生きている時にも（自殺、他殺、死刑）、そしてまた、死に直面する時まで（安楽死）、事情は変わらない。

現在、私たちが対峙する諸問題は、ただ専門家に任せておけばいい、といったものではない。むしろ、私たち一人ひとりが、自分自身の問題として真摯に相対していかなければならないものである。また、それらは、ただ単に個人的レベルで理解・解決されるものではなく、むしろ人類全体の幸福あるいは「共通善」(common good)[3]の観点から捉え直されなければならないものでもある。

西洋社会において発展・流布した「バイオエシックス」(bioethics)を、ただそのまま日本に輸入するだけでは足りないだろう。日本という風土の中で育まれてきた生命観の再確認も、必要である。また、両者の共通点とともに相違点も見据えることが大切である。

1・2 いのちの尊厳とその起源

いのちの尊厳

時々、「いのちの尊厳」という言葉に出会う。しかしそもそも、「尊厳」とは、いったい何を意味するのであろうか。辞書を繙けば、例えば次のように語られる。「とうとくおごそかで、おかしがたいこと」(『広辞苑』第七版)。おそらくそれは、間違ってはいないだろう。しかし、今一つスッと心に落ちてこないのも事実である。ある時、二つの言葉が心に落ちてきた。それは、「ありがたさ」と「かけがえのなさ」という言葉。「ありがたさ」とは、滅多にないということ、あるいは極めてまれだということ。また「かけがえのなさ」とは、代わりがないということ、あるいは他のいかなるものとも置き換えることができないということ。きっといのちは、ただあるということだけにも意義があるのではないか、とそう思う。

そのことを、もう少し具体的に考えてみたい。「ありがたさ」については、例えば、次のように考えられるかもしれない。現在この地球上には、約八〇億人の人間がいる、と言われる。そうすると自分は、（数字の上では）八〇億分の一の存在であり、自分の出会う人も八〇億分の一の存在である。そして、二人の出会いの確率はと言えば、八〇億分の一×八〇億分の一となり、その数は、果てしなくゼロに近い数字であることに気づかされる。つまり、二人の出会いの確率はほとんどゼロであり、言い換えれば、出会わなかった確率は、ほぼ一〇〇％となる。これは、極めてまれな「現実」である。

また「かけがえのなさ」については、次のように考えられる。一卵性双生児の二人は、同じＤＮＡを持っている。つまりこれは、見方を代えれば、ＤＮＡのコピーは可能であるということ。クローンもまた同様である。しかしたとえそうであっても、二人は、別の人格・性格をもった人物である。また、情報・インフォメーションのコピーはできても、存在のコピーは、理論的にも不可能である。有限的存在あるいは偶有的存在は、必ず〝今ここに〟（here and now）という条件、つまり時間と空間の条件のもとに存在する。

一人ひとりのいのちは、確かに儚い。「人は皆、通り過ぎる風。その日はうすれゆく影」（詩編〔以下、詩〕144：4）。しかし同時にまた、掛替えのないものでもある。一人のいのちは、他のいのちとの絆において、互いの善さを分かち合う。つまり、他のいのちとの共感・共生・協働なしに、私たちは生きていくことはできないのである。それゆえ、私たちに求められること、それは、自分が出会ういのちに寄り添い、互いのいのちに〝仕え合う〟ことである。それなしに私たちは、真の〝仕合せ〟に与ることはできないだろう。

自分のいのちは他のいのちによって生かされている――それを忘れるとき、人は傲慢になる。自分のいのちは他のいのちを生かしている――それを忘れるとき、人は希望を失う。

すべてのいのちは受け継がれ、いのちそのものにおいて、一つとなる。そこには「秩序の静けさ」(*tranquillitas ordinis* [tranquility of order])[5]があり、そこに真の平和は生まれる。いのちの多様性は、決して矛盾・対立を意味しない。むしろそれは、いのちが本来もっている生命力のダイナミズムの現れにほかならない。大切なのは、〝多様性における一致〟である。

いのちは愛から生まれ

「子供を授かってから最も変わったのは、私の心。自分のいのちより大切な存在がある、と気づいたこと」――あるお母さんの言葉として、一人の友人が、そう年賀状に記していた。

子供が病気の時、親はきっと、(代わってやれるものなら代わってやりたい)と思うであろう。また、もし重病なら、(自分のいのちと引き換えても)と願うのも、あながち大袈裟なことではないだろう。

自分のいのちと引き換えても――ここに愛の本質があるのではないか、とそう思う。「友のために自分のいのちを捨てること、これ以上に大きな愛はない」(ヨハネによる福音書〔以下、ヨハネ〕15・13)。無条件に相手を受け容れ、惜しみなく自らを与える。そこには何のためらいも駆け引きもない。

ただまっすぐ、いのちそのものへと向かう。

愛は、はたらき。常に具体的な行為によって現わされる。飢えている人に食事を与え、宿のない人を招き入れ、病気の人の枕辺に寄り添う（マタイによる福音書〔以下、マタイ〕25：35‐36参照）。これらはすべて、いのちの余韻として、私たちの心を育みいのちを新たにする。私たちが互いに愛し合うなら、自《おのず》からいのちの交感は生まれ、その味わいは私たちの内に止まるだろう。何かが存在する――それは愛による存在の肯定。一人の人間が生きている――それは愛によるいのちの肯定にほかならない。

ヒトはこの愛によって、人となっていく。生きるということは、この愛の経験であり学びであり、その体現である。この愛をとおしていのちの息は注がれ、それによって私たちは、真に生きる力と希望が与えられる。素朴に生きること、そのことの深くて静かな喜びを味わいたい、とそう思う。またそれを、出会う人々に伝えていくことができるなら、きっと私たちは、もっと明るくもっと優しくなるだろう。

自分のいのちよりも大切なもの――それは、愛。この愛からいのちは生まれ、それによって育まれる。人は誰かのために生きようとする時、初めて真の生きがいを感じ、その事実に感謝するだろう。

第2章　徳による人格形成

有徳な人――それはいったい、どのような人なのだろうか。誠実な人、正直な人、あるいは親切な人など、さまざまな姿が浮かんでくるかもしれない。いずれにしても、そのような人は、きっと周囲の人から好意を持たれ信頼される人であろう。これらの特徴はしかし、生まれながらその人に備わったものなのだろうか。あるいはその人が、何らかの形で後天的に身に着けたものなのだろうか。もちろん、その人の中に何の可能性や素養もなかった、というわけではないだろう。

人間は、好むと好まざるとに関わらず、何らかの性格を持っている。しかし同時にまた、それとは別に、後天的に教育や訓練などによって身に着けるものもある――それが、徳にほかならない[1]。徳を身に着けることによって、私たちが目指しているもの、それが、〝善き生き方〟にほかならない。人間としての生き方は、ただ単に本能に従って生きるのではなく、善く生きることにこそその本質があるのは、このことに基づいている。

しかし徳は、一回や二回の行為によって身に着くようなものではない。それを繰り返すことによって、恒常的な習慣となるのである。すなわち徳は、常に善へと関係づけられた習慣であり、人間が、それによって究極目的である至福に到達することのできるものである、と言えるだろう。

いずれにしても、徳は、時代や洋の東西を問わず、常に大切なものとして考えられ求められてきた。このような徳について、以下、三つの部分に分けて考察を進めたい。まず西洋思想において、徳は、どのように理解・展開されてきたのか、そのことを概観する。次にその影響を受けながらも、キリスト教は、どのような新たな徳の理解を提示してきたのか、そのことについて言及する。そして最後に、東洋において、徳はどのように理解・展開されてきたのか、ここでは儒教に基づいて検討する。

2・1 西洋における徳倫理学の理解とその発展

卓越性としてのアレテー

西洋思想の古代・中世において、徳は、倫理学の中心概念であった。古代ギリシア思想において、人々は、「自分はいった誰なのか」といった問いかけを提示し、それに伴い、「自分は何をなすべきなのか」といった問いを立てるようになった。その行為の遂行にあたって求められる力量が「アレテー」(*aretē*)と言われ[2]、そこから「アレーテイア」(*alētheia* 徳)と言う言葉が語られるようになった。「アレテー」は、もともと「善い」(*agathon*)という言葉に基づく「善さ」を表している。

「アレテー」は、ひとり人間だけに求められるわけではない。つまり、動物やさまざまな道具などにも求められるのである。例えば、アリストテレスも語るように、馬の「アレテー」は、それによって馬をよき馬とし、よく走り、騎乗者をよく運ぶことにある。またペンの「アレテー」は、ちゃんと書けることであり、時計のそれは、ちゃんと時間を計ることにある。では人間の「アレテー」とは、いったい何であろうか。これは、極めて本質的な問題である。なぜなら、そこにおいて人間の存在意義が問われているからである。このような問いかけが、哲学・倫理学の主題として取り上げられるようになったのは、紀元前五世紀半ば頃と言われる。

ソクラテスは、徳の本質を問い、知識と徳の関係について語った。プラトンは、人間の心の中に三つの部分、すなわち、理知的部分、気概的部分、そして欲求的部分を見、それらがもっている特性として、知恵・勇気・節制、そして正義の四つの徳を提示した（『国家』第4巻）。

アリストテレス

これらの流れを引き受けながら、徳の理解について一つの総合的な思想を提示したのが、アリストテレスである。彼は、徳について、具体例を挙げながら次のように述べる。

すべて「アレテー」（徳ないしは卓越性）とは、それを有するところのもののよき「状態《ヘクシス》」を完成し、そのものの機能をよく展開せしめるところのものである、といわなくてはならない。たとえば眼の「アレテー」とは眼ならびに眼の機能をしてよきものたらしめるというごとくに。というのは、われわれの眼の「アレテー」によってよくものを見ることができるのであるから。……。もし、それゆえ、あらゆるものについて同様のことがいえるとするなら、人間の「アレテー」とは、ひとをしてよき人間たらしめるような、すなわち、ひとをしてその独自の「機能」をよく展

開せしめるであろうような、そうした「状態」でなくてはならない。(3)

このように、徳は、ひとり人間だけに求められるものではなく、あらゆるものの存在意義を語るものである、と言えるだろう。

徳は中庸にあり

アリストテレスによれば、識者は、過超(より多き)と不足(より少なき)を避けて、「中《メソン》」を求めてそれを選ぶ。この場合の「中」とは、ことがらに即してのそれではなく、私たちへの関係におけるものである。そのことについて、彼は、次のように語る。

もし、しかるに、「アレテー」というものは——自然もそうであるが——いかなる学問・技術よりもさらに精密な、さらにすぐれたものであるとするならば、それはやはり、「中」を目指すものたるのでなくてはならないであろう。(もちろん、「アレテー」とはここでは「倫理的卓越性《アレテー》」、すなわち倫理的な「徳」を意味している。)つまり、この種の「アレテー」は情念と行為とにかかわるものなのであるが、これらにおいては過超と不足と「中」とが存在する。(4)

同様にアリストテレスは、行為に関しても過超と不足と「中」が存在すると言う。

徳は情念と行為にかかわるが、これらいずれにおいても、過超ならびに不足は過つに反して「中」は賞讃され、ただしきを失わないものなのである。こうしたことは、しかるに、いずれも徳の特色に属することがらなのである。徳とは、それゆえ、何らかの中庸（メソテース）ともいうべきもの――まさしく「中」（メソン）を目指すものとして――にほかならない。[5]

以上のことを踏まえて、アリストテレスは、徳について次のようにまとめる。

徳とは「ことわりによって、また知慮あるひとが規矩とするであろうところによって決定されるごとき、われわれへの関係における中庸」において成立するところの、「われわれの選択の基礎をなす（魂の）状態」（プロアイレティケー・ヘクシス）にほかならない。[6]

さらに彼は、続ける。

徳《アレテー》は、それゆえ、その実体に即していえば、またその本質をいい表わす定義に即していえば「中庸」（メソテース）であるが、しかしその最善性とか「よさ」とかに即していうならば、それはかえって「頂極」（アクロテース）にほかならないのである。[7]

彼はまた、徳を「知的徳」（*dianoētikē aretē*）と「人柄としての徳」（*ethikē aretē*）に分ける。多くの伝統的な徳目は、後者に含まれる。そこにおいて求められるのが、今考察した「中庸」である。また彼は、徳を習慣（*ethos*）と関連付ける。

いずれにしても、アリストテレスの倫理学は、最高善としての幸福を目指すものとして構築され、そこにおいて徳論は展開される。彼は、この究極目的はただ一つであり、それは誰にとっても同じであると語る。[8] それは、私たちに、生きることの意義を与えるものである。

徳倫理学の定義

徳倫理学は、どのように定義することができるだろうか。クリスティー・スワントンは、以下のように述べる。「徳倫理学の定義は徳倫理学的理論の構造と基本的性質を解明すべきであり、それによって徳倫理学理論を主要な対抗理論から区別する興味深く重要な特質を提示するべきである」[9]。ここにおける対抗理論とは、帰結主義や義務論である。彼女によれば、これまで徳倫理学（virtue *ethics*）は、徳理論（virtue *theory*）とは区別されてきており、徳理論は、必ずしも徳倫理学の一種でなくてもよいが、それでも性格の卓越性にこそ徳の本質がある、と説明する。

しかしながら、徳倫理学を簡潔に定義することは、容易ではない。それゆえ、行き過ぎた単純化はできないのである。なぜなら、そこにはさまざまな種類があるからである。例えば、古代ギリシアにおいて語られた「エウダイモニア主義」一つをとっても、そこにはさまざまな理論がある。エウダイモニアとは、「善き生」を意味する。

ソクラテスやプラトンによれば、さまざまな徳は、本質的に同一の性質であると考えられるが（徳の一性説）、アリストテレスによれば、あらゆる徳はつながってはいるが、それぞれの徳は区別されると考えられる。ここでは十分に展開できないが、徳倫理学の考察にあたっては、やはり、アリストテレスの理解に対峙することは避けられないだろう。

このようなことを踏まえて、スワントンは、徳倫理学の定義の意義について、以下のように語る。「徳倫理学の定義の役割は、理論と応用倫理学の問題解決に独特の貢献をするような理論のための余地を示すことである。たぶんこれは、徳倫理学の定義のうち最も重要な役割である[10]」。

スワントンは、徳倫理学の三つの核心的概念（a core concept）を提示する。すなわちそれらは、エウダイモニア主義の徳倫理学、行為者中心の徳倫理学、そして徳の観念を中心にした徳倫理学である[11]。ダニエル・C・ラッセルによれば、エウダイモニア主義は、実践的推論、幸福の本性、そして徳という三つの概念の関連についての説である。それゆえ彼は、エウダイモニア主義を次のようにまとめる。「エウダイモニア主義とは、〈実践的推論から導かれる、充実した生をおくるために不可欠な性格特性とは何かを理解することによって、どのような性格特性が徳であるのかがわかる〉という見解である[12]」。彼によれば、実践的推論には究極目的（final end）がなければならず、それが、エウダイモニアにほかならない。

行為者中心の徳倫理学は、ある特定の行為にではなく、むしろその行為の主体そのものに注目する。換言すれば、そこで問われているのは、「私は何をするのか」よりも「私は誰なのか」といったことである。

三つ目の核心的概念である徳の観念を中心にした徳倫理学は、先の二つの概念よりも包括的なものとして考えられる。

そもそも徳とはいったい何なのであろうか。ラッセルは、次のように語る。「徳とは性格の卓越性であり、その本質は、しかるべき事柄に関心を向け、そうした事柄にかんしてうまく判断し行為するための思慮（wisdom）[13]と実践的技能とを備えている点にある」[14]。ここにおいて、思慮は、極めて重要である。そのことは、アリストテレスも強調している[15]。それゆえ、有徳な活動こそ、幸福にとって最も重要なものとなる[16]。ラッセルが指摘するように、徳は、「単なる習慣とは違って、安定していて信頼できる知的な性向であるという点で深い」[17]。

徳倫理学の忘却

しかしながら、近代になると、徳倫理学の重要性は顧みられなくなった。そこで問われたのは、「人間はいかに生きるべきか」ではなく、「どのような行為をするべきか」というものであった。つまりそこで求められたのは、行為者中心の倫理学ではなく、行為中心の倫理学である。例えばそれは、カントの形式的・義務論的倫理学であったり、行為の結果として何がもたらされるかといった功利主義であったりする。さまざまな徳目がもっている重要性や価値は、時代や社会状況によって変化する相対的なものと見なされた。

一九八〇年代になると、しかし、徳倫理学の再評価が行われるようになった。それは、「共同体主義」（communitalism）を基盤としたものであり、とりわけ、アラスデア・マッキンタイア（Alasdair MacIntyre, 1929–）らによるものであった[18]。そこにおいては、アリストテレスおよびトマス・アクィナスの再評価がなされている。

2・2　キリスト教における徳倫理学の理解とその発展

初期キリスト教は、ストア派の哲学者（キケロ、セネカなど）の影響を受けながら、ギリシア思想における徳の概念を受容し徳論を形成・発展させていった。その後中世を通しても、さまざまな重要人物によって、徳倫理学は受容・展開されていった。その中でも、とりわけ重要な位置を占めるのが、アウグスティヌス（三五四–四三〇）とトマス・アクィナス（一二二四／二五–一二七四）である。

アウグスティヌスによれば、徳とは、それによって私たちが、善く生きるとともに正しく生きることのできるものである。またそれによって、私たちの魂は、最高の状態へともたらされる。そこで求められるのは、善く生きまた幸福に生きる内的な生にほかならない。彼は、四つの枢要徳（賢慮、正義、剛毅、節制）を神の愛の秩序に位置づける。それによって、徳と幸福は結ばれ、キリストの愛に従って生きることへと招かれる。「秩序づけられた愛」――これこそが、徳の最高の形態であると言われる。彼によれば、愛は、徳の中の徳である。

日常生活において、正しい行為が求められるのは当然である。しかし、それにもまして大切なのは、その行為者自身の心の状態《ありかた》である。すなわち、行為の正・不正に先立って求められるのは、行為者の善・悪であり、その人の「正しい意向」（*intentio recta* [right intention]）である。「行為は存在に従う」（*Agere sequitur esse* [action follows being]）――トマスがそう語るとき、彼が示唆していることも同じであろう。[19]私たちをより善い人間とするもの、それが徳にほかならない。徳は単なる学問の体系でも抽象的観念でもない。それは地に足の着いた経験を通して、わたしたちが生活の中で習得・涵養し体現していくべきものである。

以下、十分とは言えないが、トマス・アクィナスの徳理解について言及したい。

トマス・アクィナス

トマス・アクィナスは、アリストテレスの思想を受容しながら、徳を三つのカテゴリーに分類する。すなわち、神学的徳／対神徳（信仰、希望、愛）、知的徳（知恵、知識、直知）、そして倫理徳（例えば、枢要徳：賢慮、正義、剛毅、節制）である。諸徳のなかでも最も重要なのは、愛徳である。

諸々の徳は三つの類に区別される。すなわち、そのなかの或るものは対神徳、或るものは知的徳、そして或るものは倫理徳である。ところで、対神徳とは、それによって人間精神が神に結びつけられるものであり、知的徳はそれによって理性そのものが完成されるもの、そして倫理徳はそれによって欲求能力が理性に従うように完成されるところのものである。しかるに聖霊の賜物とは、それによって霊魂のすべての能力が、神的な動かしに従うように秩序・状態づけられるところのものである。[20]

人間の徳は、習慣、特に善い習慣として考えられる。[21]すなわち徳は、常に善へと関係づけられた習慣であり、それによって、究極目的である至福に到達することが可能となる。しかしこの営みは、ひとり人間の力によって可能となるのではなく、究極的には、神の恩恵によってこそ可能となる。それがすなわち、「注入徳」(infused virtue) と呼ばれる対神徳にほかならない。トマスによれば、徳とは、常に善へと関係づけられている習慣である。[22] また習慣は、人間的行為の内的根源であり、[23] 恩寵は外的根源である、[24] と考えられている。

トマスはまた、アリストテレスに基づいて、習慣としての徳の分析を行う。彼によれば、人間的徳は習慣である。まず彼は、徳は何らかの完全性を意味しているとして、次のように語る。「徳とは能力 *potentia* の何らかの完全性 *perfectio* を名付けていったものである。しかるに、いかなるものの完全性も、何にもましてそれの終極・目的 *finis* との関連において考察されるものである。ところで能力 (可能態) *potentia* の終極たるものは働き (現実態) *actus* である。したがって、能力 (可能態) は、おのれの働き (現実態) へと確定づけられているのに応じて、完全であるといわれる」。続けて彼は、それを可能ならしめるのが習慣であると言う。「人間にとっての固有的な能力たる理性的能力 *potentia rationalis* は一つのものへと確定されているのではなく、多くのものへと不確定な仕方で *indeterminate* 関係づけられている。……、それらは習慣によって働きへと確定されるのである。それゆえに、諸々の人間的徳は習慣である」[25]。

また人間的徳は、善い習慣である。「いかなる事物においてもその徳は善への関連においていわれるのでなければならない。ここからして作用的習慣 *habitus operativus* たるところの人間的徳は善い習慣であり、善をなさしめる *operativus boni* ところの習慣である」[26]。ここで語られる完全性とは、個別的な徳の主体を構成する魂の諸能力の完成を意味し、それらが総合される時、人間という行為者の完成を表す。徳は、人間をその行為のよりよい遂行へと完成する。[27] すなわち、「徳によって人間は、それらによってかれが至福へと秩序づけられるような、そうした諸行為をなしうるように完成される[28]」のである。

習慣の形成は、そのまま恩寵の受容として理解することができる。そのことを、稲垣良典は次のように語る。「なぜなら、習慣の形成は同時に自然本性の自己明示であり、いいかえると自然本性の完成であるが、そのことは人間が自らを完全に神にたいして開くことを意味するからである[29]」。習慣は、第一かつ自体的に *primo et per se* 事物の自然本性への秩序づけを含んでいる。[30] すなわち、自然本性へと秩序づけられているということが、習慣の本質的側面に属しているのである。[31]

トマスによれば、習慣が形成されるその基体は、能動的であると同時に受動的でもある能力である。[32] 習慣形成の原因は、理性的能力に含まれている能動的な根源である。[33] 理性的本性それ自体は、習慣形成の原因ではないが、何らかの諸根源が習慣形成の原因となっている。そのことについて、稲垣は、次のように述べる。

> トマスが習慣の原因である（理性的能力のうちに見出される）能動的な根源の例として言及しているのは第一原理の自然本性的認識、および善への自然本性的な欲求なのであるが、注目すべきはこうした原理の認識や善の欲求が自然本性的なものとされている点である。トマスは人間の自然本性そのもの、あるいは理性的本性そのものが習慣形成の原因であるとは語っていない。しかし、

何らかの自然本性的な諸根源 *principia naturalia* が習慣形成の原因である、と主張していることは確かである。(34)

習慣の形成は、人間本性にとって単なる付帯的なものではない。むしろ、人間本性にとって本質的なものと言ってもよく、それを明示するものとして考えられるだろう。そのことを稲垣は、次のように語る。

習慣の形成過程を不可変的な人間本性とは別個の、後者に付加された単に付帯的な過程と見るのではなく、それが同時に不可変的な人間本性の自己明示にほかならないことを見て取ることが、習慣と（人間の）自然本性との関係を正しく理解するために最も必要であるといえよう。(35)

アリストテレスと同様に、トマスは、伝統的な枢要徳はそれぞれ異なった徳であり、魂のそれぞれ異なった能力を導くものであると考える。(36) 個別的な徳は、魂のさまざまな能力の完成を表している。すなわち彼は、徳の一性説は取らず、むしろ諸徳の結びつき説の方を支持している。この点において、彼は、アウグスティヌスとは異なっている。(37)

トマスはまた、アリストテレスと同様に、倫理徳は中庸に存すると考える。「徳はその本質からして *de sui ratione*、人間を善へと秩序づける。ところが、倫理徳は本来的にいって、霊魂の欲求的部分を、何らかの特定のことがらに関して完成するものである。……。それゆえに、倫理徳の善とは、理性の規準と適合することに存する、ということがあきらかである。ところが超過と不足との間にあって、中間・中庸の位置をしめるものこそ（規準への）等しさ *aequalitas* あるいは合致 *conformitas* であることは明白である。ここからして、倫理徳は中庸に存するということが明らかに見てとれる」[38]。

対神徳――信仰・希望・愛

キリスト教は、倫理徳に加えて神との関係において、対神徳／神学的徳を提示する。すなわちそれらは、信仰・希望・愛である[39]。これらは神からの恩恵として与えられるものであり、「注入徳」とも言われる。これら三つの徳について、パウロは、「ローマの信徒への手紙」の中で次のように語る。

このように、わたしたちは信仰によって義とされたのだから、わたしたちの主イエス・キリストによって神との間に平和を得ており、このキリストのお陰で、今の恵みに信仰によって導き入れられ、神の栄光にあずかる希望を誇りにしています。そればかりでなく、苦難をも誇りとします。わたしたちは知っているのです、苦難は忍耐を、忍耐は練達を、練達は希望を生むということを。希望はわたしたちを欺くことがありません。わたしたちに与えられた聖霊によって、神の愛がわたしたちの心に注がれているからです。（ロマ5：1–5）

パウロはまた、「コリントの信徒への手紙一〔以下、一コリント〕」の中で、これら三つの中で最も優れたものは愛にほかならないと語る。

たとえ、山を動かすほどの完全な信仰を持っていようとも、愛がなければ、無に等しい。

愛は忍耐強い。愛は情け深い。ねたまない。愛は自慢せず、高ぶらない。礼を失せず、自分の利益を求めず、いらだたず、恨みを抱かない。不義を喜ばず、真実を喜ぶ。すべてを忍び、すべてを信じ、すべてを望み、すべてに耐える。

愛は決して滅びない。……。それゆえ、信仰と、希望と、愛、この三つは、いつまでも残る。その中で最も大いなるものは、愛である。(一コリント13：2、4−8、13)

キリスト教において、信仰は聞くことから始まる、と語られる。何を聞くのかと言えば、それは人間に語られる神のみ言葉にほかならない。「信仰は聞くことにより、しかも、キリストの言葉を聞くことによって始まるのです」(ロマ10：17)。信仰は、神からのまったく自由な招きであり、またそれに対する人間のまったく自由な応答である。それは決して人間の自由を拘束・破壊するものではない。むしろ、人間をいっそう自由な開きへと導くものである。その意味で信仰は、人間にとって最も根本的な決断として理解することができるであろう。

希望は、幻想とは違う。それは、人間に真の生きる意義を示すものであり、慰めや勇気を与えてくれるものである。しかし、希望の実現は必ずしも容易なものではない。そこでは忍耐が求められる。例えば真の希望があるからこそ、人間は、互いの過ちを赦し合い受け容れ合うことも可能となるのである。それはまた、私たちを真の喜びと平和へと導いてくれる。それゆえパウロは、次のように語る。

「希望の源である神が、信仰によって得られるあらゆる喜びと平和とであなたがたを満たし、聖霊の力によって希望に満ちあふれさせてくださるように」（ロマ15：13）。

　愛という言葉自体は、極めて抽象的である。しかし愛の実質は、極めて具体的である。換言すれば、愛は、いつも具体的な姿・形をとって現れるものである。すなわちそれは、私たちの具体的な行為を通して実現されるのである。日本語では一般的に「愛」と語られるが、新約聖書においては、エロス（欲求）・フィリア（友愛）、そしてアガペー（愛徳）としての愛が語られ、その中でもアガペーとしての愛が、最も根本的なものとして理解されている。それは、自らを誰かのために惜しみなく与えることにその意義がある。「友のために自分の命を捨てること、これ以上に大きな愛はない」（ヨハネ15：13）。

　聖書においては、二つの愛、すなわち隣人愛と神への愛が語られる。両者は端的に同じものではないが、分かつこともできない。すなわち、後者は前者の根拠であり、前者は後者の体現すなわち具体的な形なのである。

ファリサイ派の人々は、イエスがサドカイ派の人々を言い込められたと聞いて、一緒に集まった。そのうちの一人、律法の専門家が、イエスを試そうとして尋ねた。「先生、律法の中で、どの掟が最も重要でしょうか。」イエスは言われた。「『心を尽くし、精神を尽くし、思いを尽くして、あなたの神である主を愛しなさい。』これが最も重要な第一の掟である。第二も、これと同じように重要である。『隣人を自分のように愛しなさい。』律法全体と預言者は、この二つの掟に基づ

いている。」（マタイ22：34―40）

先ほども述べたように、愛の実質は具体的である。感覚的な目では見ることのできない神への愛、それを具体的に現すのが隣人愛であり、それが私たちに求められる。そのことについてヨハネは、次のように語る。

「神を愛している」と言いながら兄弟を憎む者がいれば、それは偽り者です。目に見える兄弟を愛さない者は、目に見えない神を愛することができません。神を愛する人は、兄弟をも愛すべきです。これが、神から受けた掟です。（ヨハネの手紙一〔以下、一ヨハネ〕4：20―21）

2・3　儒教における徳倫理学の理解とその発展

東洋において、徳倫理学は、どのように理解され受け継がれてきたのだろうか。ここでは儒教を取り上げ、そのことについて考察を進めたい。儒教の教えは、極めて概括的な言い方ではあるが、徳についての倫理学であると言えるだろう。すなわち儒教において、人間は、徳の涵養によって望ましい人間になる、と考えられている。

儒教の創始者は孔子（前五五一―前四七九）であるが、彼の思想を具体的に展開したのは、孟子（前三七二―前二八九）である。その意味で両者は、相即不離の関係にあると言えるだろう。

『論語』は、孔子の言葉が弟子によってまとめられたものである。それを基礎として、その註釈あるいは手引書とも言えるのが、『孟子』である。孟子は確かに、倫理に関する孔子の思想を継承・発展させた。例えば孔子は、倫理を「天に秩序づけられた社会構造」に基礎づけたが、孟子は、それを「人間の性」に基礎づけた（『孟子』告子章句上一―六参照）。これによって孟子は、孔子から新儒教への橋渡しをしたと言えるだろう。また一般的に、孔子は現実主義者であるが、孟子は理想主義者であるとも言われる。

仁とは忠恕

「わが道は一つのことで貫かれている」（『論語』衛霊公三）――と孔子は語る。この「一つのこと」とは、「仁」にほかならない。すべての徳は、この仁に基づく。それは、仁・義・礼・智・信という枢要徳においても言える。この仁を具体的に実践するにあたって必要な徳、それが、義・礼・智・信である（『論語』述而二四）。さらには、仁においても深さの階梯があると考えられている。つまり、「孝悌」（目上を敬う仁）、「恭敬」（友人・同僚を思いやる仁）、「忠恵」（目下を生かす仁）、「寛恕」（広く人を赦す仁）、そして「忠恕」と深まりを見せていく。忠恕は、それゆえ、「究極の仁」あるいは「救世の仁」とも呼ばれる。

この仁を、曾子は、「忠恕」と言い換えた。忠恕とはまごころの意とされるが、さらに詳しくみるなら、「忠」とは、自己自身に対する誠実（まごころ）であり、「恕」とは他者に対する誠実（おもいやり）である。

仁と礼

仁の理解にあたっては、礼が重要な意味を持つ。そのことについて、孔子は、弟子の顔淵との会話の中で次のように語る。

顔淵が仁のことをおたずねした。先生はいわれた、「わが身をつつしんで礼〔の規範〕にたちもどるのが仁ということだ。一日でも身をつつしんで礼にたちもどれば、世界じゅうが仁になつくようになる。仁を行なうのは自分しだいだ。どうして人だのみできようか。」顔淵が「どうかその要点をお聞かせ下さい。」といったので、先生はいわれた、「礼にはずれたことは見ず、礼にはずれたことは聞かず、礼にはずれたことは言わず、礼にはずれたことはしないことだ。」顔淵はいった、「回はおろかでございますが、このおことばを実行させていただきましょう。」(『論語』顔淵一)(40)

礼は、単なる調和以上のものであり、そこに折り目をつけるものである(『論語』学而一二)。礼はまた、主に、冠・婚・葬・祭その他の儀式のさだめのことを意味する。社会的身分に応じた差別をするとともに、それによって社会的調和を目指す(『論語』泰伯二)。礼は、このように、人間を中庸な存在とする(『論語』八佾《はちいつ》四)。礼において大切なのは、外見・末節を飾ることではなく、心を込めることにほかならない。

性善説

人間の性は、生得的に善である――これは、あまりにも素朴な響きをもった命題《テーゼ》である。しかし孟子にとって、この事実は、根本的な哲学的前提であり、彼の全思想の根源でもある。これがいわゆる、「性善説」と呼ばれるものである（『孟子』公孫丑章句上六）。しかしその起源は、孔子の「忠恕の説」にさかのぼることができる（『論語』里仁一五）。先にも確認したように、「忠」とは、自己自身に対する誠実（まごころ）であり、「恕」とは他者に対する誠実（おもいやり）である。このように人間は、自己に対しては「忠」を、他者に対しては「恕」を必要とする。

性善説を解釈するにあたっては、善における二つの特徴を見ることができる。一つは人間存在の存在論的・形而上学的原因としての善であり、もう一つはそれへとあらゆる行為が方向づけられる最終目的としての善である。それゆえ、孟子が性は根源的に善であると語るとき、それはただ単に自己自身だけでなく、他者との関係においても考えられているのである。

性善説の理論は、告子との論争において見出される（『孟子』告子章句上二）。告子によれば、性は善でもなければ悪でもない。それに対して孟子は、性は生得的に善であると主張する。ここで注意しなければならないのは、性についての二人の理解である。告子にとって、あらゆる性は同質であり倫理に先立つ。一方孟子が性について語るとき、それはとりわけ人間の性を意味しており、他のものの性は第一義的には考えられていない。何よりも、性といえば倫理的性を意味する。孟子の解釈によれば、この性は人間に生得的に与えられており、外部から付加されたものではない。それゆえもし、性において何らかの悪が見出されるなら、それは潜在的にその中にあったのではなく、むしろ外部から付加されたのである。

四端の心から四枢要徳へ

性善説を主張するにあたって、孟子は、「四端」という四つの生得的な心を提示する。すなわちそれらは、「惻隠の心」「羞悪の心」「恭敬の心／辞譲の心」、そして「是非の心」である。(41)「惻隠の心」とは、他者の不幸をいたましく思う心。「羞悪の心」とは、自分の悪を恥じ、他者の不善を憎む心。「恭敬の心／辞譲の心」とは、へりくだって他者に譲る心。そして「是非の心」とは、正・不正を見わける心である。四端は、決して抽象的概念ではなく、むしろ倫理的芽の具体的な隠喩であると考えられる（『孟子』告子章句上六）。

「四端」の中で最も重要なのは「惻隠の心」であり、最後にくるのは「是非の心」である。つまり孟子によれば、人間にとってより大切なのは、正・不正の判断の心よりも他者への共感の心である。換言すれば、人間にとっては、知的判断能力よりも善い人間であること、あるいは他者への思いやりの心を持つことの方が大切である、と考えられている。ここに西洋倫理思想とは極めて異なった特徴を見ることができるだろう。このような倫理観は、決して個人主義的なものではなく、むしろ共同体的なものといえる。それゆえ、他者との調和的関係なしに、この倫理観が実現されることはない。

これら四端の心はしかし、弱くてもろい。それゆえ人間は、心を込めてそれらを養い育てなければならない。つまり四端は、生得的な倫理的芽として捉え、それぞれを拡充しなければならない。それによってそれらは、やがて仁・義・礼・智と呼ばれる四つの枢要徳となる。換言すれば、四端はそれぞれ、四枢要徳の端緒である。これら四つの徳は、人間の心から生じるものであって、人間が何らかの外的手本に従って作り上げるものではない。孟子は、それぞれの徳が現実に実在すべきものであることを主張する。「仁の真髄《しんずい》は親によくつかえること、すなわち孝であり、義の真髄は兄によくつかえること、すなわち悌《てい》である。さて、智の真髄は、孝悌という二つの道の大切さをよく知って、しばしもこの道から離れないことであり、礼の神髄は、この孝と悌との二つの道を調整《ほどよく》して立派にととのえることである」(『孟子』離婁章句上二七[42])。

孟子は、人間の成長における倫理的発展と身体的発展との間に共生を見る。告子は、人間の性を食欲や性欲といった生理的本能や特徴に見た。それに対して、孟子は、人間の性の中心を倫理的質に見た(『孟子』告子章句上四参照)。

良心

「良心」――この言葉を初めて明確な形で用いたのは、孟子である(『孟子』告子章句上八[43])。「人間の性は生得的に善である」――先にも確認したこの命題《テーゼ》は、孟子の直観的ともいえる人間観であり、良心についての彼の理解は、これに基づいている。いずれにしても、良心は、儒教の伝統において、倫理学的にもまた哲学的にも、人間の理解にあたって中心的概念の一つである。

良心は、「仁義の心」と同意義である、と言われる。先にも触れたように、「仁」も「義」も、それぞれ人間にとって生得的な四つの枢要徳(仁・義・礼・智)の一つである。仁は、慈しみ、思いやり、そして憐みである。そのような仁は、自ずから私たちに善の遂行を促す。一方義は、私たちが、純粋にそれ自身のためになすべき当為であり義務である。

仁と義には、二つの共通点がある。一つは、両者とも人間に生得的に与えられているということ。もう一つは、これら二つの徳は、本質的に他者との関係の中にあるということである。このように仁義の心、すなわち良心は、ただ単に個人倫理においてだけでなく、社会倫理においても中心的な位置を占めていると言える。

良心は、実際、仁・義・礼・智の芽としての四端において、すべての人に与えられている。しかし人は、ただそれらを保持するのではなく、それらを養い育てなければならない。なぜなら、それらはまだ十分に人間の倫理的本性を決定していないからである（『孟子』告子章句上一八、一九参照）。この営み（修為）にあたって、孟子は、二つの方法を提示する。一つは積極的方法であり、人は四端を拡充し（『孟子』公孫丑章句上一六）、また浩然の気（同、二）を養わなければならない。もう一つは消極的方法であり、善い性を失うことなく、また夜気〔夜明け方の清らかな明るい心〕（『孟子』告子章句八）を抑制することのないように、欲望を少なくすることである。

この修為によって人は、理想的な人間、すなわち良心の人に近づくことができる。良心には様々な意味（誠実、忠実、調和など）がある。それゆえ、良心を簡潔に定義することは難しい。いずれにしても、しかし、良心なしに一人の人が真の人間となることはないだろう（『孟子』尽心章句上四参照）。ある意味で、修為と良心とは相互関係にある。つまり、修為は良心に基づくべきであるが、同時にまた良心は、修為によって展開されなければならないのである。それゆえ、良心をいっそう堅固なものにしようと努めれば努めるほど、修為の発展を顕かにすることができるのである（『孟子』離婁章句上一二参照）。

第3章 良心
倫理と霊性の邂逅の場

良心は、人格的存在としての人間の深奥に生得的に刻み込まれている。それは、存在論的に人間存在を根拠づけ、倫理的に人格の成長を促す。「善をなし、悪を避けよ」――これは、私たちに対する良心の要請である。良心は、ただ単に、行為の「正・不正」(right-wrong)や行為者の「善・悪」(good-evil)の識別・判断に尽きるものではなく、むしろ、人間が人間として生きるための根本的な状態《ありかた》を開示する。その意味で、良心は、人格とほぼ同意義のものとして捉えることができるだろう。良心は、端的に神の声というよりも、むしろ、そこにおいて神のみ言葉を聴き、神との人格的関係を築くことのできる場、と言えるのではないだろうか。このように良心は、人間に求められる二つのこと――善い人間となること(倫理)と聖なる人間となること(霊性)――の邂逅の場でもある。

3・1 コンシャンスと良心

一九世紀、conscience(< *conscientia*〔ラテン語〕)という言葉が、西洋から日本にもたらされた。こ

の言葉をどのように翻訳するか、それについて議論があったが、最終的に「良心」という言葉に落ち着いた。[1] この言葉を最初に用いたのは、孟子（前三七二―前二八九）である。つまり日本において、西洋の概念（conscience）を中国語（良心）によって置き換えたのである。それゆえ、そこには何らかのズレがある。例えば、次のような例を挙げることができる。英語では、good conscience, bad conscience, erroneous conscience といった表現がよくされる。それぞれをそのまま直訳すれば、「良い良心」「悪い良心」「誤りうる良心」となる。しかし、「良い良心」と言えば冗長表現であり、「悪い良心」と言えば撞着表現である。つまりこれらの表現は、日本語としては意味をなさないのである。なぜなら、日本語で「良心」といった場合、そこには否定的な要素はないからである。例えば、「あの人は良心的だ」と言えば、その意味は、「あの人は信頼できる」ということである。

このように、やや複雑な状況があるので、以下、（キリスト教を含めて）西洋のコンテクストにおいては「コンシャンス」という表現を、（儒教を含めて）東洋のコンテクストにおいては「良心」という表現を用いたい。

一般的に「コンシャンス」の概念はキリスト教に、「良心」の概念は儒教に由来する、と見ることができる。しかし両者は、互いに矛盾し合うものではなく、むしろ良心のより十全な理解のためには統合されるべきであろう。「人間は本来生得的に善である」――これはキリスト教と儒教（孟子）が共有する根本的理解である。前者において、人間は、神の業・神の愛に参与するかぎり善い人間であり、後者において、人間は、具体的な良い模範・聖人の生き方に倣うかぎり善い人間である、と考えられている。

「コンシャンス」は、一般的に、ある行為の前後においてその働きを示す。つまり、何らかの行為をなすべきかそうでないかの判断が求められる時、その判断の規範として働く。また何らかの誤った行為の後では、後悔の念を感じさせる（良心の呵責）。換言すれば、「コンシャンス」は、ある行為の正・不正（right-wrong）や善・悪（good-evil）の知的判断機能として理解されてきた。一方「良心」は、そのような行為をする人物の状態《ありかた》そのものを問う。つまり良心は、人間の本性そのものに深く根差しており、単なる合理的判断を超えた人間の状態を現しており、その意味で、コンシャンスを基礎づけるもの、と言えるだろう。

しかし、このような相違にも関わらず、両者は、人間が生きるにあたって、極めて重要な意味を担っている。時々、「良心の声」といった表現がなされ、それが「神の声」と同一視される。しかし、より正確に言うならば、良心は、端的にそれが神の声なのではなく、そこにおいて神の声を聴くことのできる場、として理解した方がいいだろう。

孟子

孟子によれば、良心は、人間の心から出てくるものであり、生得的に善である。すなわちこれが、彼の思想の原点とも言える「性善説」である。彼によれば、人間の本性は、「天命」を表している。それゆえ彼は、性善説をこの天命に基礎づけることによって、人間の本性に倫理の根拠を見出す。それを証明するにあたって、彼は、先ほど「性善説」の個所で言及した生得的な四つの心を提示する。そしてこれらが、四つの徳（仁・義・礼・智）の「端」（始まり）と言われ、良心は、これらすべての端に関係する。つまり四つの徳は、現実生活における良心の体現にほかならないのである。

『中庸』

良心の理解は、その後、「誠」の概念へと受け継がれ発展した。特に誠は、『中庸』において、倫理的、哲学的・形而上学的概念として大いに論じられた。天と人間との一致に、倫理の本質と根拠は見られた。それゆえ、真の人間とは、自らが語ることを実際に行い、それによって倦まず弛まず誠実であろうとする人間として理解される。誠は善に基づき、存在論的・形而上学的にも、また倫理的にも、人間にとって本質的である。このような誠の強調は、単なる理想的な精神主義を意味するのではなく、むしろ、真の人間となるための現実的なアプローチである。

王陽明

誠は、現実生活において体現されなければならない。王陽明（一四七二―一五二九）は、この課題に対して一つの解答を提示した。彼によれば、「心を誠実にすること」「意志を誠実なものとすること」は、人間が真の人間となるために必要不可欠な条件である。「心即理」――これが、彼の根本的命題であり、心の外には何もない。誠についての彼の理解は、このことに基づく。誠には、次のようなさまざまな意味がある。例えば、「真」「誠意」「忠誠心」「率直さ」「真心」、そして「誠実」などである。しかし彼は、その中でも特に「誠実」を強調する。それは、単なる心理的・倫理的概念ではなく、むしろ、実存的・人間学的な前提である。

彼によれば、心が誠実なものとされるのは、「格物」(the investigation of things) による。それは、最善に到達するための「工夫」であり、「良知」に基づく。人間は、実際良知を持っている。しかし同時にまた、それを全体としての宇宙を体現するために拡張しなければならない。王陽明にとって、「格物致知」(the investigation of things and the extension of knowledge) は、意志を糺《ただ》すことによって良知を体現することにほかならない。知と行は一つでなければならない、と彼は主張する。これが、彼の思想の根源となる「知行合一」(the unity of knowledge and action) である。この理解の後、彼は、彼の哲学の頂点をなす「致良知」(the extension of the innate knowledge) へと至る。

伊藤仁斎――愛(仁)としての誠

日本において、「誠」は、どのように理解・受容されてきたのであろうか。

伊藤仁斎(一六二七―一七〇五)は、「誠」の重要性を主張した一人である。誠に関する彼の理解は、形而上学的というよりはむしろ人間学的である。彼は、孔子と孟子の思想に立ち帰ることを強く主張した。彼は、誠について二つの特徴を見出す。第一に彼は、当初、朱子学派にならって誠を形而上学的に捉えていたが、その後、それを『論語』における「忠信」に相当するものとして理解するようになった。第二に彼は、誠は人倫的関係において理解されなければならない、と主張する。誠が、そのコンテクストにおいて体現されるとき、「仁」の意味で「愛」と呼ばれる。「誠とは、道の全体。故に聖人の学は、必ず誠をもって宗とす」(『語孟字義』巻の下「誠」3)[2]。確かに彼は、忠信を擁護したが、誠を中心に置くことはなかった。なぜなら、彼は、『中庸』を儒教の聖典として見なしてはいなかったからである。

吉田松陰――忠誠としての誠

仁斎は、自己陶冶・修養の基礎として、誠の重要性を理論的に唱えた。その後、幕末近くになると、吉田松陰（一八三〇―一八五九）は、誠の理解をより実践的に展開した。彼の理論のユニークな点は、誠を国家と個人との関係において捉えた点にある。つまり彼によれば、誠は、天皇への忠誠心において最大限に体現されるのである。特に誠は、「諫死」あるいは「至誠」において体現される。松陰の生涯は、短かった。しかし、日本が封建制度から近代国家へと移り変わる時期にあって、彼の存在・影響は極めて大きなものであった。彼のあらゆる行為は、誠についての彼の確信の体現にほかならなかった。すなわち、彼の生涯は、一筋の心をもって忠実に、また倦まず弛まず、自らを誠の体現に托した生き方であった。

3・2 日本における良心の系譜

「清明心」「正直」「誠」そして「良心」

先にも述べたように、「良心」は、一九世紀になってようやく、日本において使われ始めた。しかしもちろん、それ以前にも、その意味内容を表す言葉はあった。すなわち、古代では「清明心」、中世では「正直《せいちょく》」、そして近世・近代においては「誠」である。これが、「良心」に関する日本人の倫理的価値観の流れである。しかし今日、良心の意味を、これらのいずれかに特定することは難しい。しかし、あえて一つを選ぶとするなら、それは「誠」であろう。「誠」は、一般的に、知的能力に関するものというよりは、むしろ、心や心情、感情、愛情などの問題として考えられてきた。いずれにしても、日本人は、心情の純粋性、誠実性、また美に対する特別な思い入れを抱いてきた。

それゆえ、江戸時代（一六〇三–一八六八）、特に一八世紀から一九世紀における誠の理解についての吟味は、極めて有益である。さらにまた、このコンテクストにおいて、中国における儒教と日本における儒教との相違を見ることもできる。中国においては、「敬」あるいは「致良知」中心の儒教が発展したが、日本においては、「誠」中心の儒教が発展した。この点に、日本における儒教の独自性を見ることができるだろう。ちなみに、「誠」の強調は、朱子学派が唱えていた「理」を否定するものとして起こった。

このように、日本の文化的精神風土において、誠は、形而上学的というよりは、むしろ、倫理的・人間学的に解釈されてきた。一九世紀、明治維新に積極的に関わった人々にとって、誠は、思想的・精神的原動力となった。事実彼らは、王陽明はもとより、彼の思想を受け継いだ陽明学派の他の人物から、少なからずの影響を受けていた。今日の日本人の良心理解は、この誠の理解の展開に負っているところが大きい。

啓蒙思想における良心

良心は、当初、生得的なものとして理解されていた。しかしまもなく、それは、後天的に獲得されるものである、と考える人々が出てきた。その代表的人物の一人が、西周（一八二九―一八九七）である。彼は、啓蒙思想家として、荻生徂徠（一六六六―一七二八）とイギリス経験主義の影響を受けていた。それゆえ彼は、良心が生得的に一人ひとりに与えられるという考えには反対した。彼によれば、良心は、外的な要素、例えば、社会の慣習、法律、教育などによって経験的に形成されるのである。

もう一人の代表的な人物が、大西祝《はじめ》（一八六四―一九〇〇）である。彼は、哲学者でありまた評論家でもあった。明治初期にあって、彼は、功利的啓蒙主義から観念論への移行に貢献した。彼は、代表的著作『良心起源論』において、良心を現象学的に扱った後で、その起源について論じている。彼は、良心をある程度経験的に形成されるものと見なしていたが、基本的には、カントの観念論的方法論に従っていた。彼は、倫理的判断と行為の意図・動機とを区別した。彼によれば、後者は前者よりも重要である。それゆえ、倫理的行為の検証にあたっては、なぜその行為はなされねばならないのか、あるいはなされなければならなかったのか、が肝要な点となる。彼の業績は、確かに注目に値する。しかし依然として、西洋思想の枠組みに従っているのも事実である。つまり、彼が展開した良心理解は、西洋倫理におけるコンシャンス理解に沿ったものであり、儒教の伝統におけるものではなかった。

「誠」「真事」そして「真言」

「まこと」――これを、次のような三つの漢字表記で捉え直してみたい。それによって、「まこと」が持つより豊かな意味内容が明らかになってくるだろう。それらは、「誠」「真事」、そして「真言」である。これらはそれぞれ、「まこと」が持っている倫理的、美的、そして宗教的側面を現すものとして捉えることができる。倫理的側面においては、正しくあること、あるいは正直であることが求められ、「善」が志向される。美的側面においては、潔く生きることが求められ、「美」が志向される。そして宗教的側面においては、「真」そのものである超越者に与ることが求められ、それによって自らが浄められることが志向される。

まず「誠」によって、私たちは、人間の理想的な状態《ありかた》としての「誠実」を理解することができる。「誠」は、「言」と「成」によってなる。「成」は、「完成して安定しているの意味。安心できることば、まことの意味を表す(3)」。「言」が完成し安定しているとは、言葉が現実のものと成る、と解釈することも可能であろうか。換言すれば、それは、言行一致である。事実、誠実であることは、日本人にとって、最も大切な徳の一つである。誠実は、さらに、正直であること、単純であること、また他者に対する共感を持つことなどと緊密に関わっている。

次に、「真事《まこと》」は、「人倫的関係」を体現する。真理や道は、この現実世界において、どのように体現されるのであろうか。仏教において、「事」は「理」の反意語である。つまり「事」が、個人や具体的現象を意味するのに対して、「理」は、そのことの根拠・原理、普遍的・絶対的真理、あるいは物事の理《ことわり》を意味する。日本人は、伝統的に「理」よりも「事」を大切にしてきた、と言われる。確かに日本人は、ある意味で、見えない世界よりも見える世界を是認する傾向にある。それゆえ、現実世界においては、「行」が尊重される。「行」は、単なる技術・テクニックではなく、むしろ、人間の全人格的な行為である。それはまた、「身体《からだ》」なしにはありえない。それゆえ、「行」によって体現される知は、単なる科学的・客観的な知ではなく、人間全体を通して体現される知となる。ここには、王陽明が提唱した「知行合一」における知と相通じるものがある。

最後に「真言《まこと》」は、超越者あるいは「至誠」を体現する。つまり「真言」は、その最も深い意味において、超越・いのちそのものを意味する。古代の日本人は、言葉には、それぞれ霊・いのちが宿っている、と堅く信じていた（言霊信仰）。言葉は、ただ単に音を伝えるための媒介ではなく、むしろそこにおいて、人間の霊といのちとが現成するものなのである。

3・3　キリスト教における「誠」の体現

神の誠としてのイエス

儒教において、人間は、聖人のようになることが目指された。それは、誠の実践・陶冶によって涵養される。同様のことは、実は、キリスト教においても見ることができる。「あなたがたは、神に喜ばれるためにどのように歩むべきかを、わたしたちから学びました。……。実に、神の御心は、あなたがたが聖なる者となることです」（テサロニケの信徒への手紙一〔以下、一テサロニケ〕4：1、3）。「わたし」とは、パウロである。神は、自らを「聖なる者」（レビ記〔以下、レビ〕19：2、ペトロの手紙一〔以下、一ペトロ〕1：15）と語る。そして神は、人間に自分に似た者となることを求め、それが可能となるために良心を与えた。聖なる者となること、それは、神の人間への願いであり、また、人間の神への応答でもある。

「ヨハネによる福音書」の冒頭は、次のように始まる。

初めに言《ことば》があった。言は神と共にあった。言は神であった。この言は、初めに神と共にあった。万物は言によって成った。成ったもので、言によらずに成ったものは何一つなかった。言の内にいのちがあった。いのちは人間を照らす光であった。光は暗闇の中で輝いている。暗闇は光を理解しなかった。……。言は肉となって、わたしたちの間に宿られた。わたしたちはその栄光を見た。それは父の独り子としての栄光であって、恵みと真理とに満ちていた。（1：1–5、14）

ここでは「言」という言葉が、何回も語られる。そこに、「イエス」という固有名詞を挿入すると、一つの物語が生まれる。「初めに言があった」（1：1）。「初め」とは、時間的な始まりではなく、創造の根源を意味する。「万物は言によって成った」（1：3）。この「言」について、二つの特徴を指摘することができる。まずこの「言」は、本質的に行為、とりわけ創造の行為を意味する。「わたし（イエス）の父は今もなお働いておられる。だから、わたしも働くのだ」（5：17）。次にこの「言」は、創造の源泉としての〝いのちそのもの〟を意味する。それゆえヨハネは、次のように語る。「言の内にいのちがあった」（1：4）。この「言」が、この世において一人の人間となって現れた。「言は肉となって、わたしたちの間に宿られた」（1：14）。

イエス・キリストは、「超越性」（transcendence）と「体現」（embodiment）とが一つとなったユニークな出来事である。事実彼の中に、「まこと」の三つの様相を見出すことができる。第一に彼は、神の「誠」の体現であった。

神は、その独り子をお与えになったほどに、世を愛された。独り子を信じる者が一人も滅びないで、永遠のいのちを得るためである。（ヨハネ3：16）

神は、かつて預言者たちによって、多くのかたちで、また多くのしかたで先祖に語られたが、この終わりの時代には、御子によってわたしたちに語られました。神は、この御子を万物の相続者と定め、また、御子によって世界を創造されました。御子は、神の栄光の反映であり、神の本質の完全な現れであって、万物を御自分の力ある言葉によって支えておられますが、人々の罪を清められた後、天の高い所におられる大いなる方の右の座にお着きになりました。御子は、天使たちより優れた者となられました。天使たちの名より優れた名を受け継がれたからです。（ヘブライ人への手紙〔以下、ヘブライ〕1：1-4）

彼の言葉と行いとの間にズレはなく、徹頭徹尾、彼は、誠実をもって自らの生を生き抜いた。第二に彼は、「真事」の体現である。この世にあって、彼は、隠遁生活を送るのではなく、実に多くの人々と関わった。この関係は、人倫的関係の根拠であり原型である。

第三に彼は、「真言」の体現である。神のみ言葉として、イエスは、いのちそのものであった。「主（イエス）よ、わたしたちはだれのところへ行きましょうか。あなたは永遠のいのちの言葉を持っておられます」（ヨハネ6：68）。また彼は、神が誰であるかを自らの全生涯を通して明らかに示した

（ヘブライ1：1－4）。「至誠」としての「真言」は、「恵みと真理《まこと》とに満ちていた」（ヨハネ1：14）。この「至誠」は、「いのちの言」（一ヨハネ1：1）である。永遠のいのちとしての「言」は、同時にまた、私たちが人倫的関係において歩むべき「道」でもある。「わたし（イエス）は道であり、真理であり、いのちである。わたしを通らなければ、だれも父のもとに行くことができない」（ヨハネ14：6）。

現代カトリック思想におけるコンシャンス

西洋において、コンシャンスの理解は、どのように進展したのであろうか。ここでは、カトリック教会において開催された第二バチカン公会議（一九六二―六五）前後の流れを中心にして、概観してみたい。同公会議は、約二〇〇〇年に渡るカトリックの歴史において、最も重要な公会議の一つである。この公会議によって、カトリック教会は、刷新された。

第二バチカン公会議は、「キリストに従う」というモットーを提示した。ここでは、次のような二つの貢献を指摘したい。一つは、（律）法中心から人格中心へとアプローチの仕方がシフトした点である。もう一つは、キリスト教の源泉である聖書への立ち帰りである。原点は、キリストにおける神と人間との人格的な関係にある。倫理神学の刷新にあたって、大きな役割を果たした人物の一人が、ヨゼフ・フックス（Josef Fuchs 1912–2005）である。彼の基本テーゼは、「キリスト教倫理は人間倫理である」というものである。換言すれば、特定の宗教的信条がなくても、理性的に、キリスト教倫理の核心を理解することはできるのである。

彼は、自己実現の前提として、次のような三種類の自由を提示する。すなわちそれらは、「根源的自由」「キリスト者の自由」、そして「選択の自由」である。「根源的自由」は、「超越論的自由」とも言われ、他の自由の基礎をなす。この自由についての考察なしに、良心についての十全な理解はない。自由は、恣意とは違う。それゆえ、自由には秩序があり、究極的にそれは善そのものに向かう。良心は、この善そのものに向かうかぎり存在する。そこに、良心の存在根拠はある。

3・4 日本における良心の再検討

これまで、私たちは、東洋における良心、また西洋におけるコンシャンスの理解の変遷について考察してきた。前者は、主に儒教のコンテクストに、後者は、キリスト教のコンテクストに基づくものであった。しかし両者は、互いに矛盾し合うものではなく、むしろ良心のより十全な理解にとって統合されるべきものである。そこでここでは、さらに三つの観点から良心の再検討を試みたい。まず、良心を一つの「生活の座」（*Sitz im Leben* [setting in life]）として考察する。次に、良心は本質的に「関係性」であることを確認する。そして最後に、日本的感覚における良心について触れたい。

「生活の座」としての良心

良心は、一つの「生活の座」である。つまり良心は、人格的存在としての人間の成長にとって本質的である。このことは、次の二つの観点から確認される。まずそれは、存在論的に検証可能である。換言すれば、あらゆる生物は、自らの存在根拠を〝いのちそのもの〟に見出すことができる。つまり、〝いのちそのもの〟に与《あずか》ることによって、初めて存在するのである。いのちを慈しむことは、良心にとって本質的である。それゆえ、人間の場合、真に人間として存在することの意味は、良心に従って生きることにほかならない。

良心の体験は、例えば、次のような三つの観点から捉えることができる。まず、善悪の判断基準・規範としての良心である。次に、誤った行為に伴う良心の呵責として経験される良心である。ここには、いわば、〝良心のパラドックス〟を見ることができる。すなわち良心は、本来善いものとして与えられているにも関わらず、その経験は否定的なものとして経験されるのである。第三は、宗教的次元としての良心である。いわゆるこれが、一般的に〝良心の声〟と言われているものである。しかし良心は、より厳密に言うならば、神の声ではなく、そこにおいて神の声を聴くことのできる場と言えるだろう。

声として私たちに語りかけてくる良心——このような良心理解は、ある意味で伝統的なものである。そしてそれは、自然法との関係において、より正確にまたより深く理解することができるが、それについては後ほど詳述する。

関係性としての良心——「超越性」と「体現」

良心が「関係性」であることは、対話論的に検証できる。人間は常に他者との関係において存在する。この関係性において、対話は本質的である。対話は、それが言語であれ非言語であれ、言葉を介して行われる。この言葉は、単なるコミュニケーションの媒介に還元されるものではない。むしろそれは、人格的存在としての人間の交わりの根拠である。そしてそれが現成する場、それが良心にほかならない。

これらのことを踏まえるなら、良心を「人格」とほぼ同意義のものとして理解することができるだろう。つまり良心は、人格的存在としての一人の人間の全体に関わるのである。それゆえ、人格の実現は、良心の形成と不可分の関係にあることが確認される。その最終的な目標は、吉田松陰の言葉に従うなら、「至誠」にある。そこにおいて、人間の統合、すなわち知・情・意の統合が可能となる。各個人が目指すのは、真・善・美であるが、至誠におけるこの統合は、良心を理想的に体現する。とりわけそれは、「愛」として体現される。愛とは、誰かのために惜しみなく自らを与え、その人の善を願うことにほかならない。愛は、決して排他的ではない。むしろ、あらゆるものをそれぞれに相応しいものとして完成させる。

良心は、決して閉鎖的なものとして、一個人の中で完結するようなものではない。換言すれば、良心は、本質的に「関係性」であり、それは良心が持つ二つの特性——「超越性」と「体現」——によって表される。前者は良心の内的現実を、後者は良心の外的現実を表す。換言すれば、「超越性」は、人間と神との関係を表わす「霊性」として、また「体現」は、人間の行為の規範を表す「倫理」として捉えることもできる。つまり「超越性」は、良心の存在論的・形而上学的根拠をなし、「体現」はその現象と言える。前者においては良心の尊厳が、後者においては良心の共同体性が見出される。超越性において、良心は、「善をなし悪を避けよ」という要請を私たちに提示する。超越性は、しかし、単なる抽象的概念ではなく、体現において経験されるものである。このように良心は、自己自身との関係として内的に経験されるが、同時にまた、他者との関係、とりわけ、超越者（神）との関係として外的にも体験されるのである。

日本的感覚における良心

日本人は、これまで、超越者についての抽象的・哲学的理解は持ってこなかった、と言えるのではないだろうか。その理由として、次の二点が考えられる。まず日本人は、たいていのことを関係性において捉えるが、その関係性そのものの根拠を問うことはなかった。それゆえ、日本人にとって良心は、超越者の声を聴く場というよりも、他者と同じ経験を共有し合う場と言える。次に日本人には、超越性についての抽象的・哲学的思惟よりも、習俗の影響の方が強かったのではないか、と思われる。もしこれら二点が事実であるならば、ある意味で、日本人の良心理解は、根源的次元にまで達してはいなかった、と言えるかもしれない。

超越者の経験は、宗教的良心において可能となる。しかしその際、「宗教」が何を意味するのかに注意しなければならない。そもそも、日本人の宗教感覚は、いったいどのようなものなのであろうか。次の二点を指摘したい。まず日本人の宗教感覚の中で最も重要な要素の一つは、「穢れから浄められること」である。それゆえ、心や感情の純潔さが求められ、宗教儀式においても、浄めの儀式は特に重要な役割を担ってきた。次に日本人にとって、宗教と自然とはほとんど同意義のものとして考えられてきた。それゆえ日本人には、ユダヤ・キリスト教的意味での、唯一神・超越神といった観念はないと言えるだろう。日本人にとって神は、八百万の神である。神は、人間の延長線上に存在する。日本人には、キリスト教的意味での「人格的創造神」という理解も、またそのような神との「契約」といった概念もない。しかしこのことから、日本人の宗教理解を、単なるアニミズムであるとか原始的な宗教観であると結論づけるならば、それは早計であろう。

3・5 良心――倫理と霊性の邂逅の場

「善い人間となること」(倫理)と「聖なる人間となること」(霊性)――両者は、本来、矛盾・対立し合うものではなく、むしろ、統合されるべきものである。そのために両者が邂逅する場、それが良心に他ならない。すなわち良心は、ただ単に倫理的範疇に還元されるものではなく、さらには、霊性との関係において捉えられるべきものである。

それゆえ良心と人格は、ある意味で、同義語であるとも言えるだろう。すなわち、ある人の良心が問われるとき、それは、その人の全人格が問われてもいるのである。良心の本質は、それゆえ、まず自己に対する誠実さにあり、それに反するとき、人間は良心の呵責を覚える。また、それを他者に対する誠実さとして体現するとき、その人は、真に人格を生きる存在となる。この経験は、良心の倫理的・道徳的側面を表しているが、同時にまた、倫理的意識が、相互の信頼の根拠でもあることを示している。

このように良心は、人格的存在としての一人の人間の全体に関わる。それゆえ、人間の深みから始まる人格の実現は、良心の形成と不可分の関係にある、と言えるだろう。

良心と自然法

良心には、「自然法」（*lex naturalis*〔natural law〕）が与えられている。この場合の「自然」とは、自然科学において語られる自然ではなく、むしろ、「本質」を意味する。伝統的に「自然法」は、次のように語られる。*Lex indita non scripta*〔ラテン語〕、英語で言えば、law inscribed〔in the human heart〕and not written down（文字によって書かれた法ではなく、人間の心に刻み込まれた法）。

自然法は、しかし、決して抽象的概念ではなく、むしろ、人間がそれを自らにおいて発見・認識できるという意味で、人間の本性に刻み込まれているのである。この法は、人の手によって、一般社会において作られるようなものではなく、ある意味で、普遍的にすべての人間に生得的に与えられているものである。この法によって、人間は、特定の宗教的背景を持たなくても、何が正しいことで何がそうでないのか、そのことを理解することができる（ロマ２：14–16参照）。

このような自然法は、良心の形成に深く関与している。そのことについて、第二バチカン公会議は、次のように語る。

人間は、良心の奥底に法を見いだす。この法は、人間が自らに課したものではなく、人間が従わなければならないものである。この法の声は、つねに善を愛して行い、悪を避けるように勧め、必要に応じて「これを行なえ、あれを避けよ」と心の耳に告げる。つまり、人間は自分の心の中に神から刻まれた法をもっており、それに従うことが人間の尊厳であり、また人間はそれによって裁かれる。良心は人間のもっとも秘められた中心であり聖所であって、そこで人間は独り神とともにあり、神の声が人間の内奥で響く。神と隣人に対する愛を通して成就するあの法が、良心のおかげで感嘆すべき方法をもって明らかになる。キリスト信者は、良心に忠実に従いつつ、他の人々と一致して真理を探究し、また個人生活および社会生活の中に生じる多くの道徳問題を真理に従って解決しなければならない。正しい良心が力をもてばもつほど、個人と団体は分別を欠いた判断から離れ、客観的道徳基準に合わせようと努めるようになる。如何ともしがたい無知によって良心が誤りを犯すこともまれではないが、だからといって、良心がその尊厳を失うわけではない。ただしこのことは、本当のことと よいことについてあまり熱心に追求せず、罪の習慣によって良心が次第にほとんど盲目になってしまった人には当てはまらない。(『現代世界憲章』16[4])

良心は、ただ単に、ある行為の正・不正(right-wrong)の判断基準・規範ではない。むしろ良心は、そこにおいて神と人間とが人格的関係を結ぶことができる、そのような場ᅳである。良心はまた、あらゆる倫理的義務の源泉でもある。つまりそこにおいて、何が人間としての正しい生き方なのかを知り、また自分が神から呼ばれている事実を確認するのである。その意味で良心は、先にも述べたように、神の声というよりも、むしろそこにおいて神の声を聴くことのできる、そのような場ᅳなのである。ある人物が善い人間であるか否か、それは、その人の良心に対する誠実さ・忠実さに掛かっている。

第2部では、いわゆる生命倫理（bioethics）における具体的諸問題について考察を進めたい。この生命倫理の背景には、事実として、キリスト教的人間観がある。それゆえ、その考察に先立って、次章においてキリスト教的人間観の基本となる点について概観したい。

郵便はがき

料金受取人払郵便

神田局
承認

7173

差出有効期間
2024年11月30
日まで
（切手不要）

101-8791

535

千代田区外神田
二丁目十八－六

春秋社

愛読者カード係

＊お送りいただいた個人情報は、書籍の発送および小社のマーケティングに利用させていただきます。

（フリガナ） お名前	歳	ご職業
ご住所 〒		
E-mail 小社より、新刊／重版情報、「web 春秋 はるとあき」更新のお知らせ、イベント情報などをメールマガジンにてお届けいたします。	電話	

※**新規注文書**（本を新たに注文する場合のみご記入下さい。）

ご注文方法　□**書店で受け取り**　□**直送(代金先払い)** 担当よりご連絡いたします

書店名	地区	書名	

ご購読ありがとうございます。このカードは、小社の今後の出版企画および読者の皆様と
)ご連絡に役立てたいと思いますので、ご記入の上お送り下さい。

書　名〉※必ずご記入下さい

●お買い上げ書店名(　　　　地区　　　　　　書店　)

●本書に関するご感想、小社刊行物についてのご意見

※上記をホームページなどでご紹介させていただく場合があります。(諾・否)

ご利用メディア
新聞 (　　　)
SNS (　　　)
その他
メディア名
(　　　)

●本書を何でお知りになりましたか
1. 書店で見て
2. 新聞の広告で
(1)朝日 (2)読売 (3)日経 (4)その他
3. 書評で (　　　紙・誌)
4. 人にすすめられて
5. その他

●お買い求めになった動機
1. 著者のファン
2. テーマにひかれて
3. 装丁が良い
4. 帯の文章を読んで
5. その他
(　　　)

内容
□ 満足　□ 不満足

●定価
□ 安い　□ 高い

●装丁
□ 良い　□ 悪い

最近読んで面白かった本　(著者)　(出版社)

書名)

春秋社
電話 03-3255-9611　FAX 03-3253-1384　振替 00180-6-24861
E-mail : info-shunjusha@shunjusha.co.jp

第4章　キリスト教における人間観

「人間は人格的存在である」――これは、はるか昔から、多くの哲学者や神学者によって語られてきた言葉である。しかし、ここで語られる「人格」とは、いったいどのような意味を内包しているのだろうか。実際、「人格」は、それが取り扱われるコンテクストによって、さまざまな定義・解釈が試みられている。しかしここでは、一つの考え方として、キリスト教的人間観に基づいた観点から、考察を進めたい。

天地万物は、神によって造られている。しかも、良いものとして造られている――これは、キリスト教に一貫して流れている確信である。すべてのものは、神の思いの溢れとして、恵みの秩序の中に存在する。神によるこの創造の営みは、ただ単に過去におけるある時点の出来事ではなく、今もなお継続されている働きである。すべてのものは、それぞれ、存在する意義（良さ・善さ）があるからこそ、存在する。キリスト教の人間観の根底には、この理解がある。

4・1 存在は善

すべては良いものとして造られた

創造論――天地万物は、神によって造られた。これが、ユダヤ・キリスト教、あるいは『聖書』における根本思想である。それによれば、すべての存在は、それが存在する限り、良いものとして造られている――これが、聖書の語る創造論の原点である。ここでは、「創世記」〔以下、創〕と「知恵の書」〔以下、知恵〕から二つの個所を紹介したい。

神は言われた。

「我々にかたどり、我々に似せて、人を造ろう。そして海の魚、空の鳥、家畜、地の獣、地を這うものすべてを支配させよう。」

神は御自分にかたどって人を創造された。

神にかたどって創造された。男と女に創造された。

神は彼らを祝福して言われた。

「産めよ、増えよ、地に満ちて地を従わせよ。海の魚、空の鳥、地の上を這う生き物をすべて支配せよ。」

……(中略)……

神はお造りになったすべてのものを御覧になった。見よ、それは極めて良かった。夕べがあり、朝があった。第六の日である。（創1：26–28、31）

あなたは存在するものすべてを愛し、
お造りになったものを何一つ嫌われない。
憎んでおられるのなら、造られなかったはずだ。
あなたがお望みにならないのに存続し、
あなたが呼び出されないのに存在するものが
果たしてあるだろうか。
いのちを愛される主よ、すべてはあなたのもの、
あなたはすべてをいとおしまれる。（知恵11：24–26）

人間の尊厳

キリスト教の人間観は、いわゆる、霊肉二元論ではない。すなわち人間は、あくまでも一人の統一された存在として捉えられている。確かに、「霊」「肉」といった表現はある。しかし問題は、それぞれがどのような意味を担っているか、という点にある。「霊」とは、「神の息が注がれることによって、神との関係の中に生きる」ということを意味する。また「肉」とは、たいていの場合、「人間の弱さを意味すると同時に、神との関係を忘れ、自力で生きようとするあり方」を意味する。

このような人間の尊厳の根拠は、いったいどこに見ることができるのだろうか。ここでは、次の二点を指摘したい。まず人間は、「神の似姿」(*imago Dei* [image of God]) として造られている (創1：27)、という点である。人間は、神にかたどって造られている、と言う。ではいったい、どこが神のかたどり、すなわち、「神の似姿」なのだろうか。理性なのか、言葉を使うことなのか、あるいは誰か／何かを愛することなのか。それについてはさまざまな解釈があるが、むしろ、人間という現象の全体を神の似姿として考えるべきではないか、という意見もある。とりあえずここでは、何か一つに特定せず、あらゆる点をその可能性として見ておきたい。いずれにしてもしかし、人間には、今もなお神の働きの余韻が残っている、という点を確認しておきたい。

第二の点は、人間には神の霊、すなわち神の「いのちの息」が注がれている、という点である。「主なる神は、土(アダマ)の塵で人(アダム)を形づくり、その鼻にいのちの息を吹き入れられた。人はこうして生きる者となった」(創2：7)。ここには、人間の二つの様相・現実が表れている。すなわち、人間の「儚さ」と「掛替えのなさ(尊厳)」である。塵でできているという点において、人間は、確かに儚い。「人間は息にも似たもの／彼の日々は消え去る影」(詩144：4)。しかし同時にまた、神に愛されているという点に、人間の掛替えのなさ、すなわち尊厳を見ることができる。

〔主よ、あなたが〕御顔を隠されれば彼らは恐れ
息吹を取り上げられれば彼らは息絶え
元の塵に返る。

あなたは御自分の息を送って彼らを創造し
地の面を新たにされる（詩104：29–30）。

このような人間の現実を、次の言葉は、端的に語っているだろう。We are only dust — but beloved dust [by God].（私たちはほんの塵に過ぎない。しかし単なる塵ではなく、神に愛された塵である。）

いのちとしての魂

キリスト教において、「霊魂（魂）」とは、何よりもまず、神の霊によって生かされている人間全体を意味する。[1] それゆえ、その人間観は、ギリシア哲学・思想における二元論的人間観、あるいは、デカルト的人間観とは、根本的に異なる。[2] つまり、人間は、確かに「魂」と「身体《からだ》」によってなるが、この両者は区別されながらも、矛盾・対立するものではなく、むしろ統合されたものとして、ただ一つの人間の本性を現している。[3] また決して、後者が前者よりも劣っているというわけでもない。このように、「魂」は、人間のいのち、あるいはペルソナ全体を現している。[4] すなわち、「魂」は、人間を「神の似姿」とするものであり、その意味で、人間の霊的原理であると言える。

4・2「人格的」とは何か

「人間は人格的存在である」――哲学の本などを繙くと、たいていこの言葉と出会う。しかしそもそも、〝人格的〟とは、どういう意味なのだろうか。この「人格的」という言葉は、例えば英語ならpersonalという言葉に相当するが、その名詞形はpersonである。これをさらにさかのぼると、ラテン語の*persona*という言葉に辿り着く。*persona*には、いくつかの意味があり、例えば、「仮面・役割・人格」などである。また動詞に*personare*という言葉があるが、その意味は、「鳴り響く、反響する、響き合う」などである。(5) もし両者の間に関係があるならば、そこで響き合うのは人間と人間にほかならない、と考えることは可能であろうか。また、もしそれが可能な場合、先の命題（「人間は人格的存在である」）は、次のように置き換えることができるだろう――「人間は、お互いに響き合う存在である」あるいは、「人間は、お互いに響きあうことによって、初めて真の人間となる」。

「人格」には、本質的に、「自由」と「責任」が含まれている。換言すれば、一人の人間が人間であることの最大の特徴は、「自由な存在である」ということにある。当然、この場合の自由は恣意とは違う。真の自由は、単なる選択の自由を意味するのではなく、「自分の存在、あるいは生き方そのものを自分で選び取ることができる」という点にこそある。この自由は、「根源的自由」(basic freedom)と呼ばれ、それに基づいて、人間は、「根本的選択」(fundamental option)を行使することによって、生きてゆく。

自由の享受とともに、人間は同時にまた、責任を引き受けなければならない。それは、自分自身に対する責任であり、他者を受け入れる責任であり、またそれによって「共通善」(common good)を実現する責任である。

4・3 まとめ

「わたしは自分の望む善は行わず、望まない悪を行っている」(ロマ7:19)――こうパウロが語るように、人間は、たとえ誠実に生きようとしても、それができないことがある。このように人間は、実に不確かな存在であり、それが人間の現実でもある。そのような現実において求められるもの――それが、倫理ではないだろうか。

ここで求められる倫理とは、人間の自由を抑制・拘束するようなものではなく、むしろ、それによって私たちが、いっそう自己の涵養へと導かれ、より良い社会の形成に寄与すべきものである。不確かな人間を、ただ法や規則・規範だけで捉えることはできないだろう。生きるということには、秩序が求められる。その実現のために、「いのちの倫理」は、私たちに一つの事実を示す。それは、一人ひとりのいのちには、確かに尊厳が与えられており、何人《なんぴと》もそれを犯すことは許されないのである。

資料・倫理という言葉

ここでは、「倫理」という言葉そのものに注目してみたい。まず「倫」という字であるが、『新漢語林 第二版』(大修館書店、二〇一一年)によれば、以下のように説明されている。

①みち。㋐人のふみ守るべき道。「人倫」㋑すじみち。道理。②ともがら。なかま。たぐい(類)。「倫類」③しな。等級。順序。④もくめ(木目)。⑤ならべる。また、くらべる。

音符の侖は、すじみちをたてるの意味。すじみちのたどれるともがらの意味や、すじみちの意味を表す。

次に「理」であるが、これについては次のように説明される。

①おさめる。㋐みがく。玉をみがく。㋑ただす。整える。すじを通す。処置する。さばく。「管理」「料理」「代理」「処理」㋒分ける。区別する。②おさまる。すじが通る。整う。③きめ。すじ。㋐ある種の玉の表面に現れる細かなすじ。㋑木のもくめ。「木理」㋒皮膚のきめ。「膚理」㋓物の表面に見えるすじ。④ことわり。道理。物事のすじみち。理屈。条理。「義理」「生理」⑤みち。人の従うべき道。道義。⑥宇宙の本体。宋学で、現象を気というのに対し、その根底の本性を理といった。⑦こと。ものごと。⑧区別。区分。⑨なかだち。媒酌人。

音符の里は、すじの意味。玉のすじ・きめ、玉のすじ目を美しく見せるようにみがく・おさめるの意味を表す。

この「倫」という言葉を理解するにあたっては、和辻哲郎（一八八九―一九六〇）の解釈が、ヒントを与えてくれるだろう。彼によれば、「倫」とは仲間を意味し、仲間は身体あるいは関係のシステムである（『倫理学』『人間の学としての倫理学』）。それゆえ和辻は、倫理を人間の間の秩序として捉え、倫理は社会的存在の法・決まりから成り立つと述べる。

「倫理」に似たものとして、「道徳」という言葉がある。両者の区別は、しかし、一般的にそれほど明確ではない。「倫理」について、『広辞苑』（第七版）は、以下のように説明する。

①人倫のみち。実際道徳の規範となる原理。道徳。

②倫理学の略。

一方、「道徳」については、次のように説明される。

①人のふみ行うべき道。ある社会で、その成員の社会に対する、あるいは成員相互間の行為の善悪を判断する基準として、一般に承認されている規範の総体。法律のような外面的強制力や適法性を伴うものでなく、個人の内面的な原理。今日では、自然や文化財や技術品など、事物に対する人間の在るべき態度もこれに含まれる。夏目漱石、断片「――は習慣だ。強者の都合よきものが――の形にあらはれる」

②老子の説いた恬淡（てんたん）虚無の学。もっぱら道と徳とを説くからいう。

③小・中学校における指導の――領域。

仁志田博司は、「倫理」と「道徳」の違いについて、以下のように述べる。

倫理学は、哲学のなかの一分野で、道徳の規範となる原理を求める学問である。道徳とは、行為の善悪を判断する内面的規範原理である。……、私たちの社会でともに生きていくために必要な基本的な約束事であり、改めてその是非を論じる必要がなく、その善悪の判断は自らの心の底から湧き出るものである。

それに対して倫理は、まだお互いに考えをすり合わせる余地があり、その社会にもっともよい考えをつくりあげる過程のものである。……。倫理的考察によってつくられた規範は、くり返し議論され、くり返し考察が行われる。その過程で、内面的な深い規範（道徳）に昇華されていく。(6)

一方、品川哲彦は、次のように語っている。

道徳と倫理は同じ意味で使われる場合もあれば、使い分けられる場合もある。使い分けられるときのその違いはおおまかにいって「よいひと」の意味のこの二つの要素（「たいていの人間に期待できそうなことはきちんとしてくれるひと」「他人のためになるが誰もがするとはかぎらないことに尽力するひと」）に対応している。道徳とは、私たちが一緒に生きて行くために守るべき行為規範の体系である。私たちの共同生活の破綻を防いだり（たとえば「人を傷つけてはいけない」）、共同生活をいっそう有意義にしたり（たとえば「人には親切にすべし」）する教えがそこには含まれている。

これに対して、倫理は本人の生き方の選択に関わる。……。だから、倫理に含まれる教え（たとえば「自分の能力を伸ばすべし」「自分の一生を大切にせよ」）もどの人にもあてはまる。

世間のきまりを遵守する生き方を道徳的、矜持ある生き方を倫理的と呼び分けることができる。(7)

【コラム1】……………いのちと食

いのちは風土に育まれ

風土――それは、その土地の自然や文化によって育まれ形造られる。それゆえそこには、その土地ならではの香りや輝き、そして味がある。食は、このような風土に生まれ、それによって、そこに生きる人々のいのちは育まれる。その土地ならではの食――それは、やはり心惹かれ味わい深い。ある土地を訪れたなら、できればその地の実りを食し、その地のお酒を味わいたい。

家庭――それは、風土が一つの具体的な形となったもの。一つひとつの家庭には、それぞれの食があり団欒がある。また時には、悲しみや涙もある。それを私たちは、生活と呼ぶ。その生活の中心にあるもの――それが、食卓。食卓は、そこに集う人々が、一つのいのちに与っていることの端的な徴であり形である。家庭の味は、そこから生まれ、そこに生きる人々の身体の隅々にまで染み渡る。ヒトはこうして人となってゆく。

風と土。人間は、土の塵から造られ、その鼻からいのちの息が吹き入れられた。すると、人間は生きる者となった、と語られる（創2：7）。一つの言葉が思い出される――We are only dust ― but beloved dust [by God]（私たちはほんの塵に過ぎない。しかし単なる塵ではなく、神に愛された塵である）。この短い言葉の中に、人間の二つの現実が浮かんでくる。一つは人間の儚さであり、もう一つは人間の掛替えのなさ。自分はほんの塵に過ぎない。それを静かに思い起こすとき、人は、真に謙遜になれるのだろう。しかし、そんな儚い塵であっても、このように生かされている。そのことに思い至る時、人は、真の希望を抱くことができるのだろう。

それぞれの生き物には、それぞれのいのちが輝く場がある。魚にとってそれは水の中、鳥にとってそれは広い空。では、私たちにとってそれは何だろう。それが風土なのだろうか。私たちは、決して、そこを離れて生きることはできない。それゆえ私たちは、自分のいのちを育む風土に、感謝する。

食を育みいのちを慈しむ

二〇一一年三月一一日。あの東日本大震災は、今もなお、私たちの記憶に新しい。私たちは、あまりにも多くのものを失った。しかし私たちは、いったい何を学んだのだろう。あの未曾有の災害は、多くの人のいのちを奪い、生活を破壊し、この国を根底から揺さぶった。そして、追い打ちをかけるような、あの原発による大惨事。自分たちの生活は、これからいったいどうなるのだろう、と今もなお、多くの人々は不安の中にある。当たり前の生活――（そう思っていた）。しかしそれは、自分たちが思っていたほど確かなものではなかった。いつ奪われてもおかしくない、それが現実であった。

しかし、これですべてが終わってしまった、というわけでもない。むしろ私たちは、ここから多くのことを学び得るし、また学ばなければならない。まず学んだこと――それは、人間（の営み）とは、いざとなったらほんとに無力なものだということ。とりわけ私たちは、自然を前にすれば、ほんとに取るに足りない儚い存在であるということに気づかされる。

自然は、これまで私たちに、語りつくせないほどの恵みを与えてきた。それは今も、変わらない。しかしその一方で、私たちは、そのことの有難さを忘れてきた。それが問題であろう。「見よ、全地に生える、種を持つ草と種を持つ実をつける木を、すべてあなたたちに与えよう。それがあなたたちの食べ物となる。地の獣、空の鳥、地を這うものなど、すべて命あるものにはあらゆる青草を食べさせよう」

（創1：29–30）。この言葉がいかに恵みであるか、そのことを今一度思い起こしたい。

自然と人間――この両者は、本来、共生・調和の関係にあり、またそうあるべきであろう。私たちのいのちは、この関係の中に育まれる。それゆえもし、私たちが、自然を自分の思いのままに支配しようとするならば、早晩、自然は私たちに、何らかの形で迫ってくるだろう。その時になって、私たちは、初めて自らの思い上がりを知り、時には自らのいのちを失うこともあるだろう。

自給自足――いったいいつ頃まで、この言葉は、私たちの生活の中で語られてきたのだろう。生産者と消費者――いつのまにか、両者の間に大きな懸隔が生じてしまった。生産者の顔が見えない、そのような物を食べる生活となった。それゆえ私たちは、日々与えられる恵みに対して無感覚となり、素朴な喜びも感動も、そして感謝も忘れてしまったのではないだろうか。

「とにかく、今年も作ってみます」――毎年、梨を生産している福島のある農家の方が、そう語っていた。梨は、一年でも空けてしまうと駄目なのだという。かりに実がなったとしても、はたして商品として出荷できるかどうか、不安は続く。

食といのち。食の流れが途絶えるとき、私たちの生活は根底から脅かされ、いのちの流れも断ち切られる。そうなると、自然の恵みの享受も、いのちの息遣いの確認も、またいのちへの感謝の心も薄れていく。

手間ひまかけて生きるとは

私たちにとって、食は、決して付帯的なものではない。むしろそれは、私たちの生活の中心にある。一人ひとりを生かし、家庭を一つにまとめ、そして社会を支えていく。いのちの育みとは、おそらく、この一連の営みを言うのであろう。このことは、日々の生活の中で体験され、また確認される。そのような生活は、淡々として衒《てら》いなく、慎ましい。それゆえその息遣いは、端的に食のあり方において現れる。

そうした中で、私たちは、大切な問いかけが与えられる。「自分は普段、何を食べているのか」——そのことの確認によって、私たちは、現在の自分の状態《ありかた》を見定める。「何を食べたいか」——そのことの確認によって、私たちは、将来の自分の状態を思い描く。残念ながらしかし、多くの人々は、これらの確認を忘れている。その点にこそ、私たちの生き方の危うさがあるのではないか、とそう思う。

食の本領は、本来、手作りにこそあるのではないか。それゆえ、もし手間暇を惜しむなら、早晩、私たちの食は枯れ、やがては私たちそのものも生気を失ってしまうだろう。いきおい私たちは、真の希望を忘れ幸福への憧れも薄れて行く。そうして私たちは、生活の基を見失い、いのちの意義を問うこともなくなるだろう。

残念ながらしかし、私たちの生活はあまりにも忙しく、静かに立ち止まって自らを振り返ることもままならない。そのため、いつしか生活は潤いを失い、私たちは忍耐を忘れ、人と人との間も離れて行く。「一切高ぶることなく、柔和で、寛容の心を持ちなさい。愛をもって互いに忍耐し、平和の絆で結ばれて、霊による一致を保つように努めなさい」（エフェソの信徒への手紙〔以下、エフェソ〕4：2–3）。

食といのち——この両者の分かち難い関係を、あらためて確認したい。いのちとは、私たちに「与えられるもの」（恵み）であって、私たちが「造り出すもの」（生産物）ではない。そのことの弁えを、あらためてまた思い起こしたい。

第2部　いのちの倫理

「いのち」は、単なる生物学的な意味における「生命」に還元され得るものではない。それは更に、一人の人間の生活や生きがい、また〝いのちそのもの〟との関係までも含む。いのちの確からしさ――それを感じるのは、決して抽象的な理論の中ではなく、日々の生活の中で、自然や人と出会い、感動や喜びあるいは不安や悲しみを体験する時ではないだろうか。

実際、「いのち」の意義は、この世における「生命」に尽きるものではない。換言すれば、この世においてたとえ生命がその終焉を迎えても、それによって、いのちが崩壊するのでも消滅するのでもない。生命の終焉を越えたところ――そこにこそ、真のいのちの意義を見出すことができる。ヴィクトール・フランクルは、そのことについて、次のように語る。

生命はその究極の意味を（英雄におけるが如く）死によってうることができるばかりでなく、また死の中にもうることができるのである。従って自らの生命を犠牲にすることが生命に意義を与えるばかりではなく、生命は失敗においてすら充たされうるのである。(1)

いのちそのものの意義――それは、人間が造り出すものではない。それゆえもし、誰かが、人間のいのちに優劣をつけるなら、それは明らかに高慢な越権行為にほかならない。フランクルが語るように、「病気でも、不治の病気でも、それどころか不治の精神病であっても、ひとりの人間の生命を『生きる価値のない生命』と見なしてその生きる権利を剥奪する権利はだれにもない(2)」のである。

生命科学の進歩は著しく、その応用範囲もいっそうの広がりを見せている。しかしその一方で、「いのちの尊厳」が、さまざまな場面で脅かされていることも少なくない。それは、人間が生まれる前から（中絶）、生きている時にも（自殺、他殺、死刑）、そしてまた死に直面する時まで（安楽死）、事情は変わらない。

第2部では、以下のような具体的な諸問題について考察を進めたい。まず、人間が生れてくる時に関して、「生殖補助医療」「出生前診断」「人工妊娠中絶」、そして「優生思想」について取り扱う。次いで、人間が死を迎える時に関して、「脳死・臓器移植」「安楽死・尊厳死」「ケアリング」「ホスピス・緩和ケア」、そして「死刑・死刑制度」である。

これらの諸問題に対して、私たちは、どのように取り組んでいけばいいのだろうか。まず大切なのは、いのちを常にその尊厳から捉え直すこと。そして、現実生活の中で相対する諸問題に誠実に関わっていくことであろう。同時にまた、弁えておかなければならないことがある。それは、いのちの理解・受容は、それぞれの風土や文化の影響を受けている、ということである。

第1章 生殖補助医療

現代は、さまざまな「生殖補助医療技術」(assisted reproductive technology: ART) が試みられ、実際、それによって多くの人間が誕生している。なぜ、このような技術が求められるのか。その背後には、当然、さまざまな原因・理由がある。例えば、少子化傾向、家族形態の変化(とりわけ核家族化)、結婚の晩婚化、それに伴う出産の高齢化、そして男女双方の生殖能力の低下などである。

日本産科婦人科学会によれば、ＡＲＴは、次のように定義される。

生殖補助医療 (assisted reproductive technology: ART) とは、「妊娠を成立させるためにヒト卵子と精子、あるいは胚を取り扱うことを含むすべての治療あるいは方法」である。一般的には体外受精・胚移植 (IVF-ET)、卵細胞質内精子注入・胚移植 (ICSI-ET)、および凍結・融解胚移植等の不妊症治療法の総称である。配偶者間人工授精 (AIH: artificial insemination with husband's semen) や非配偶者間人工授精 (AID: artificial insemination with donor's semen) は除外する。(1)

それゆえ、子供を望みながらもなかなか恵まれない人にとっては、確かに朗報であろう。しかし同時にまた、よく考えなければならない問題もある。例えば、生命の誕生という自然の営みに、どこまでＡＲＴの関与は許されるのか。実際、かりに子供が生まれたとしても、「親とは何か」「子とは何か」、また「家族とは何か」といった根本的な諸問題も生じてきている。

1・1 生殖補助医療技術

種類

先ほどの日本産科婦人科学会の定義によれば、ＡＩＤおよびＡＩＨは、生殖補助医療からは除外されるとされたが、一般的にはその中に含まれるものとして考えられている。それによれば、ＡＲＴには、以下のようなものがある。

生殖補助医療は、いわば、不妊治療とも言える。これは、「ステップアップ」と呼ばれる方法で、負担の少ない治療から順に行われる。まずタイミング法が試みられるが、それで妊娠しないようなら、人工授精、体外受精、そして顕微授精へとステップアップしてゆく(2)。

(1) 「人工授精」　これには、「配偶者間人工授精」（AIH: artificial insemination by husband）と「非配偶者間人工授精」（AID: artificial insemination by donor）がある。

(2) 「体外受精―胚移植」（IVF-ET: *in vitro* fertilization and embryo transfer）(3)。

(3)「顕微授精」(micro-insemination)　これは、IVF–ETの一種であるが、顕微鏡下で精子を卵子に入れて授精を試みるもの。複数の方法があるが、その中でも最も広く行われているのが、「卵細胞質内精子注入法」(ICSI: intra-cytoplasmic sperm injection)である。

倫理的問題

ARTは、実際、どのような倫理的問題をもたらすのだろうか。仁志田博司は、それについて、以下のような諸問題を指摘する[4]。

(1) 受精卵の取り扱いに関する問題　人間はいつから人としての人権を有するか。
(2) 優生思想の影　どの受精卵(のちに人間となる命)を選別するか。
(3) 生命の誕生に人為的操作を加えるARTに、倫理的法的規制をどこまですべきか。
(4) ARTで生まれてくる子どもたちの、出自を知る権利はどこまで担保すべきか。
(5) ARTがつくり出す新しい母親とは・父親とは・家族とは、の概念にかかわる法的・倫理的規範の形成。
(6) ARTが人類の歴史に、社会に、どのような影響を与えるか。

1・2　人工授精

概観

人工授精は、精子を直接注射器で子宮または卵管に注入することによって、受精を試みる不妊治療である。技術的には、それほど難しいものではない。もともとは、家畜の品種改良のために行われたものであるが、それが、人間の授精に適用されるようになった。

人工授精は、日本においては、非夫婦間でも適用される（体外受精、凍結胚移植は夫婦間のみに認められる）。生まれた子供は、夫婦間の場合、法律的に実子として認められるが、非夫婦間の場合、妻の実子ではあるが夫の実子としては認められない。しかし、もし夫が自分の実子として認めるならば、法律的にも実子として認められる。

動物における最初の人工授精は、一八世紀末、イタリアの生物学者ラザロ・スパランツァーニ（Lazaro Spallanzani 1729–99）によって行われた、と言われる。一方人間においては、イギリスの外科医ジョン・ハンター（John Hunter 1728–93）による、と言われる。日本においては、一九四八年、慶應義塾大学産婦人科の安藤画一教授のもとで実施され、翌年、初めてのＡＩＤによる子供が誕生した。

技術的にはそれほど難しくなく、女性への身体的負担は少ない、と言われる。しかし、保険適応外であり（一回二～三万円）、排卵誘発剤による多胎妊娠の可能性も高い。妊娠率は、一回あたりでは五～九％であるが、五～六回以内で妊娠できる可能性が高い、と言われる。

日本産科婦人科学会の見解

ＡＩＤの実施に関して、日本産科婦人科学会が最初に見解を示したのは、一九九七年である。初めてのＡＩＤによる子供が誕生してから、四八年後である。以下の見解は、二〇一八年七月一三日に更新されたものである。(5)

資料・提供精子を用いた人工授精に関する見解／考え方

提供精子を用いた人工授精（artificial insemination with donor's semen: AID, 以下本法）は、不妊の治療として行われる医療行為であり、その実施に際しては、わが国における倫理的・法的・社会的基盤に十分に配慮し、これを実施する。

1. 本法は、本法以外の医療行為によっては妊娠の可能性がない、あるいはこれ以外の方法で妊娠をはかった場合に母体や児に重大な危険がおよぶと判断されるものを対象とする。
2. 被実施者は法的に婚姻している夫婦で、心身ともに妊娠・分娩・育児に耐え得る状態にあるものとする。
3. 実施者は、被実施者である不妊夫婦双方に本法の内容、問題点、予想される成績について事前に文書を用いて説明し、了解を得た上で同意を取得し、同意文書を保管する。また本法の実施に際しては、被実施者夫婦およびその出生児のプライバシーを尊重する。
4. 精子提供者は心身とも健康で、感染症がなく自己の知る限り遺伝性疾患を認めず、精液所見が正常であることを条件とする。本法の治療にあたっては、感染の危険性を考慮し、凍結保存精子を用いる。同一提供者からの出生児は一〇名以内とする。

5. 精子提供者のプライバシー保護のため精子提供者は匿名とするが、実施医師は精子提供者の記録を保存するものとする。
6. 精子提供は営利目的で行われるべきものではなく、営利目的での精子提供の斡旋もしくは関与または類似行為をしてはならない。
7. 本学会員が本法を行うにあたっては、所定の書式に従って本学会に登録、報告しなければならない。

何が問題か

ＡＩＨに関しては、多くの抵抗はないだろうが、ＡＩＤに対しては、さまざまな抵抗・疑問・反対意見がある。まず、ＡＩＤは、伝統的な家庭観を脅かす危険性を孕んでいる。それに関連して、生まれてきた子供の出自を知る権利、精子提供者のプライバシーの保護などの問題がある。また実際、国民の間で十分に議論がなされているとは言えず、法律的にも、その整備が整えられていないのが現状である。

1・3 体外受精

概観

体外受精―胚移植（IVF-ET）は、精子と卵子を体外で受精させた後、その受精卵（胚）を再び子宮内に戻して（胚移植）、着床・妊娠させる不妊治療である。一般的に、まず、排卵誘発剤を使って卵巣に多数の卵子を発育させる。それを培養液に入れ、その後、精子を受精させる。八〜一六個ぐらいに分割した受精卵を子宮に戻す。しかしそれでも、出産に至る確率は、一〇～一五％くらいだと言われる。[6]

世界で初めての体外受精児（ルイーズ・ブラウン）は、一九七八年、ロバート・エドワーズ（Robert Edwards）とパトリック・ステプトウ（Patrick Steptoe）によって、イギリスで生まれた。日本においては、一九八三年に東北大学で誕生した。その後、ＩＶＦ－ＥＴは普及し、現在では、六五人に一人が体外受精で誕生している、と言われる。日本産科婦人科学会（二〇〇六年）の報告によれば、日本における二〇〇五年までのＩＶＦ－ＥＴによる出生数は、累計で一一万七五八九人となっている。また、その実施登録施設は、五九〇施設に上る。

体外受精の実施件数は、一九九〇年代は、年間約二万件であったが、二〇年間の間に一二倍以上となり、二〇一三年には、年間二三万件となった。二〇一八年、体外受精によって生まれた子供は五六万九七九人であるが、これは全出生者の一六人に一人の割合となる。

日本産科婦人科学会の見解

ＩＶＦ－ＥＴの実施に関して、日本産科婦人科学会は、昭和五八（一九八三）年に見解を発表した。以下のものは、その更新版である。[7]

資料・体外受精・胚移植に関する見解

体外受精・胚移植（以下、本法と称する）は、不妊の治療、およびその他の生殖医療の手段として行われる医療行為であり、その実施に際しては、わが国における倫理的・法的・社会的基盤に十分配慮し、本法の有効性と安全性を評価した上で、これを実施する。

1. 本法は、これ以外の治療によっては妊娠の可能性がないか極めて低いと判断されるもの、および本法を施行することが、被実施者またはその出生児に有益であると判断されるものを対象とする。
2. 実施責任者は、日本産科婦人科学会認定産婦人科専門医であり、専門医取得後、不妊症診療に二年以上従事し、日本産科婦人科学会の体外受精・胚移植の臨床実施に関する登録施設において一年以上勤務、または一年以上研修を受けたものでなければならない。また、実施医師、実施協力者は、本法の技術に十分習熟したものとする。
3. 本法実施前に、被実施者に対して本法の内容、問題点、予想される成績について、事前に文書を用いて説明し、了解を得た上で同意を取得し、同意文書を保管する。
4. 被実施者は、挙児を強く希望する夫婦で、心身ともに妊娠・分娩・育児に耐え得る状態にあるものとする。
5. 受精卵は、生命倫理の基本に基づき、慎重に取り扱う。
6. 本法の実施に際しては、遺伝子操作を行わない。
7. 本学会会員が本法を行うにあたっては、所定の書式に従って本学会に登録、報告しなければならない。

何が問題か

他の生殖補助医療技術も同様であるが、この治療は、まだ完成されたものではない。それゆえ常に、何らかの問題・危険性を孕んでいることを認識しておかなくてはいけない。また、人工授精に比べて侵襲性が高く、その成功率は、導入当初二〇%前後であったと言われる。

以下、朝比奈俊彦に従って、三つの点を指摘したい(7)。

(1) 高額な費用がかかるにもかかわらず、母体への危険性は高く、出生率も低い。
(2) 着床可能胚の一〇〇%正確な選別は不可能なため、複数個移植される。そのため、多胎妊娠発生の可能性がある。そこで、現在、日本産科婦人科学会は、移植胚を原則3個以内としている。
(3) 排卵誘発剤を用いるため、卵巣過剰刺激症候群と呼ばれる合併症が起きる可能性がある。また採卵時には、大量出血や重症感染症が引き起こされる可能性もある。

1・4 代理母

概観

夫婦間で子供ができない場合、妻の代わりに、第三者の女性に子供を産んでもらう。その時の女性が、「代理母」(surrogate mother) と呼ばれる。その場合、二種類の代理母がある。まず、妻以外の女性に夫の精液を注入する方法であり、これが、狭義の代理母である。もう一つは、妻の卵子と夫の精子を体外受精させ、それを第三者の女性の子宮に戻す方法である (host mother)。この場合、生物学的には、夫婦間の子供となる。だが、倫理的に様々な問題がある。例えば、金銭授受の問題、子供の親権、出自を知る権利、また誰が本当の母親なのか、といったものなどである。

何が問題か

更に次のように、三種類の母の存在も考えられるだろう。まず、卵子を提供する遺伝上の母。次に、実際に子供を懐胎・出産する母。そして、誕生した子供を育てる母である。また、代理母を引き受けるにあたって、金銭が絡んでくることも少なくない。いわば、一種のビジネスであり、人身売買の性格も帯びてくる。さらに、それは人権問題にも発展してくる。以下に記すのは、有名な「ベビーM事件」である。

資料・ベビーM事件

一九八五年二月、メリー・B・ホワイトヘッド夫人は、ウィリアム&エリザベス・スターン夫妻と代理母契約を交わした。その内容は、健康な子供が生まれたら一万ドルを受け取り、出産後は直ちに養子契約にサインし、親権を放棄するというものであった。ウィリアムの精子によるメリーへの人工授精は成功し、無事女児が誕生した。しかしメリーは、子供への愛情が芽生えたのであろう、代理母契約を拒否し自分で養育しはじめた。そこでスターン夫妻の訴えにより、子供の親権、養育権、代理母契約の合法性をめぐって裁判となった。一九八七年、下級審（ニュージャージー州地方裁判所）は、代理母契約は合法的であり、親権、養育権ともにスターン夫妻にあるとした。しかし、一九八八年、ニュージャージー最高裁の判決は、以下のようなものであった。親権は生みの親であるホワイトヘッド夫人と精子提供者であるウィリアム・スターンにある。養育権はスターン夫妻にあるとしたが、ホワイトヘッド夫人には訪問権を与えた。また、代理母契約は、乳幼児売買を禁止した法律に違反していると同時に、憲法で保証されている親が子供とともに生きる権利の剥奪であることから違法であるとした。

考察――課題と展望

これまで、現代のＡＲＴに関する問題として、人工授精、体外受精、そして代理母について考察してきた。「子供が欲しい」――その思いは、極めて自然な感情であり、それ自体に問題はないだろう。しかし、なかなかそれが実現しない時、「何がなんでも子供が欲しい」という思いに駆られ、それを実現しようとする。その時、問題は生じ始める。実際これらの問題は、まだ十分に議論・検討されておらず、それに基づいた社会的合意の形成もなされていない。科学・医療技術の進歩・発展、それ自体は、決して悪いものではないだろう。かつては不可能であったことが、今日では可能になる。そのようなことは、枚挙にいとまがない。このような現実にあって、私たちは、大切な問いかけに出会う――「可能であるからといって、それをやってもいいのか」。あらゆる欲望を満たそうとする時、私たちは、いったいどのような将来を招くのだろう。

ＡＩＤによって生まれた子供には、二人の父親がいることになる。つまり、遺伝上の父と育ての父である。この時、子供が持っている「出自を知る権利」と、精子を提供したドナーの匿名性のどちらを優先させるか、といった緊張関係が生まれる。ちなみに、一九八九年の国連総会において批准された「子どもの権利条約」には、次のように記されている。「子はできる限りその父母を知りかつその父母によって養育される権利を有する」（第七条）。

また、これら諸問題は、フェミニストの観点からも考察しなければならないだろう。というのはこれまで、子供の出産が、家父長的価値観に基づいて考えられてきたのも事実であるからである。換言すれば、女性が、出産のための一つの道具のようなものとして見なされてきたことも否定できない。しかし、妊娠・出産・育児は、家庭において、ひとり女性だけに任されることではない。むしろ、男性が担うべき責任も確認されなければならない。さらに、社会そのものが引き受けていかなければならないことでもある。

現在、いのちは、「授かるもの」（恵み）から「再生産するもの」（製品）として考えられているのではないだろうか。だとするならば、これは、大変大きな問題を孕んでいる。私たちにとって、いのちは、その成長を助けるものであって、決して、支配・操作するものではない。

第2章　出生前診断

「出生前診断」（prenatal diagnosis）とは、出生前に胎児の健康状態（well-being）を診断するものである。いわゆる、「生殖補助医療技術」（ＡＲＴ）の一つとして考えることが可能である。その中には、胎児の生死や先天的異常の有無などの診察も含まれる[1]。それゆえ、もし何らかの疾患が発見された場合には、そのための治療方法を考えることができるし、分娩方法の選択・判断をすることもできる。このように、出生前診断は、一般的医療行為としては、それ自体悪いものではない。しかし問題は、先天的異常などが見出された時に生じてくる。

2・1　検査・診断方法

検査・診断方法には、様々なものがある。例えば、精子や卵子および受精卵の検査、胎芽（胚）・胎児の診断（生死、性別、発育、先天異常の有無）などである。

この点を踏まえて、佐藤孝道は、出生前診断について次のように述べる。「出生前診断は、先天異常を発症しうる（あるいは、時にはその遺伝子や染色体異常を子孫に引き継ぐ可能性のある）〝欠陥のある〟胎児を避け、発症しない〝欠陥のない〟胎児だけを分娩させようとする技術である[2]」。さらに彼は、この技術の普及の背景に、遺伝子至上社会の存在を見ている。「胎児治療を前提とした出生前診断に反対するものはいない。しかし、先天異常に関する現実の出生前診断の多くは、異常があれば中絶につながる。それがマス・スクリーニングとして行われると、障害者の差別になる[3]」。

出生前診断には、侵襲的検査と非侵襲的検査とがある。前者には、羊水検査、絨毛検査、胎児採血があり、後者には、超音波断層法、MRI、母体血清マーカー試験などがある[4]。

出生前診断は、スクリーニング検査と確定診断検査の二つのステップによって行われる。前者は、非侵襲的検査であり、母体血による出生前診断、トリプルマーカー（クアトロテスト）（妊娠一五〜一八週）、母体血中の胎児DNA検査（妊娠一〇〜一五週）などがある。これらの検査で陽性となった場合、後者の確定診断検査が行われる[5]。それには、絨毛採取（妊娠一〇〜一四週）、羊水穿刺（妊娠一五〜一八週）、胎児採血（妊娠二〇週以上）などがあり[6]、これらは、侵襲的検査である[7]。

では、着床前診断（受精卵診断）なら安全なのだろうか。実際は、その保証はない。まず、着床前診断を行うにあたっては、体外受精をしなければならない。生殖補助技術のところで考察したように、体外受精を行うためには、卵巣から多数の卵を採取しなければならない。そのために、排卵誘発剤による卵巣刺激が行われる。それゆえ、それによって卵巣過剰刺激症候群が起こり、後遺症が残ったりさらには死に至るような合併症を引き起こしたりすることもある、と言われる。佐藤が強調するように、「体外受精は間違いなく〝侵襲的治療法[8]〟」である。このように、着床前診断によって、出生前診断が抱える諸問題が解決されるわけではない。

2・2 新型出生前診断

概観

「新型出生前診断」は、医学的には「無侵襲的出生前遺伝学的検査」(NIPT: non-invasive prenatal genetic testing)、あるいは「母体血セルフリー胎児DNA検査」等と呼ばれる。一九世紀の末には、母親の血液中に微量の胎児細胞が存在することが報告されていた。一九九七年、妊婦の血漿中に胎児あるいは胎盤のDNA破片がただよっていることが確認され、それが検査対象となった。

新型出生前診断は、非確定検査である。この診断を受診するにあたっては、以下のいずれかに該当しなければならない。(1)三五歳以上の高齢妊婦、(2)それ以前に産んだ子供が、染色体疾患(一三トリソミー、一八トリソミー、二一トリソミー)の既往がある、(3)超音波検査や母体血清マーカー検査で何らかの異常所見がある。検査結果は、採決後、約二週間位で出る。

陽性的中率は、三五歳で八〇%、四〇歳で九〇%であるが、陰性的中率は、年齢にかかわらず、九九・九%である、と言われる[9]。

NIPTは、確かに侵襲性は低いが、しかし問題点もある。例えば、あくまでも母体血による非確定検査であり、検査対象は、一三、一八、二一各トリソミーに限定されている[10]。また、費用も高額(一五〜二〇万円)で、検査実施施設が限られている。いずれにしても、この診断を受けるにあたっては、信頼のおける遺伝カウンセリングは重要である。全妊婦の約三%がARTによって妊娠するが、その中でNIPTを受診する割合は一般の妊婦の一〇倍近くである、と言われる。[11]

トリソミー

胎児は、両親からそれぞれ一本ずつの染色体を受け継ぎ誕生する。しかし、染色体が三本に増えている病気があり、それをトリソミーと呼ぶ。異常のある染色体の番号によって、「一三トリソミー（別称・パトー症候群）」「一八トリソミー（別称・エドワーズ症候群）」「二一トリソミー（別称・ダウン症候群）」などがある。一三トリソミーは、八〇〇〇人に一人で、九〇%以上は、生後一年以内に亡くなる。一八トリソミーは、三〇〇〇〜五〇〇〇人に一人で（男児：女児＝1：3）、生後一か月以内に五〇%以上が、一年以内に九〇%以上が亡くなる。ダウン症候群には、特有の病気があるわけではなく、またすべての赤ちゃんが病気をもっているわけでもない。知的発達はゆっくりであるが、感受性は豊かである、と言われる。

問題としての優生思想

出生前診断には、技術的問題とともに倫理的問題もある。つまり、胎児に何らかの疾患が見つかった場合、いのちの選別、すなわち人工妊娠中絶（以下、中絶）の選択の可能性が出てくるのである。中絶は、たとえその理由が何であれ、それ自体は、一人の胎児のいのちを奪っていることにほかならない。その背後にあるのが、優生思想である。[12] 検査の結果、医者から、「お腹の子供には、何らかの障害の可能性がある……」と言われた場合、ほとんどの夫婦は、（まだ確定していないにもかかわらず）不安や動揺を覚える。実際その結果、約九三〜九六％の夫婦は、戸惑いながらも中絶を選択している。この背後に、優生思想の存在を否定することができるだろうか。

「健康な子供が欲しい」――そう願うことは、それ自体ごく自然な思いであり、悪くはないだろう。しかし、「健康な子供でなければならない」という思いになる時、問題は動き始める。デザイナー・ベビーなどは、その顕著な例の一つであろう。このような考え方の流れは、いわゆる、「滑りやすい坂道」（slippery slope）と言われる。優生思想は、実際、私たちの思いを遥かに越えて、あらゆる生活の場面で、私たちの心の隅々にまで浸透している。それゆえ、そこから解放されることは、容易ではない。

このような優生思想について、佐藤は、以下のように述べている。「優生学というのは、弱者、社会的〝非適〟者を人為的に〝淘汰する〟というネガティブな側面、暗い側面にその本質がある[13]」。また、次の言葉も傾聴に値するだろう。「今、優生学は、出生前診断、DNA診断という高度医療を武器として、自己決定という衣をかぶって、新しい潮流となって世界を席巻しようとしているのではないだろうか[14]」。

しかし私たちが、改めて確認しなければならないのは、多様性の尊重とそれを通して可能となる、ともに暮らすことの意義とその豊かさである。佐藤は、次のように述べる。「優生学からの離脱が可能であるとすれば、それはおそらく、〝インフォームド・コンセント〟や〝自己決定〟というキー・ワードを介してではないだろう。国民が、〝子どもとは何か〟を改めて考え直し、〝人間の多様性〟と

〝共生の心〟を理解することと、出生前診断のマス・スクリーニング化を絶対に阻止するという行政や学会の明確な姿勢がなければ、第二次優生学はどんどん広がり、ナチスのような極限状態になるまでこの事態は止められない[15]」。

いつから人間となるのか

優生保護法（一九四八年）は、母体保護法（一九九六年）に改正された。母体保護法によれば、胎児の「生育限界」（viability limit）は、「在胎二二週数相当」とされる[16]。つまり、この時期までの胎児は、いかなる医学的処置を施しても、母体外では生きていくことはできないと考えられている。また同法によれば、満二二週数未満に出生した胎児は「流産」とされ、出生届を提出する義務はない。しかし、死体解剖保存法によれば、妊娠一二週以降の死児は死体とされ、届出と埋葬が義務付けられている。ちなみに中絶は、「自然の分娩に先立って、胎児および附属物を人工的に子宮外に排出すること」とされている。胎児はしかし、新生児のような法的保護は受けていない。つまり胎児は、民法においては、一人の人間として見なされていないのである[17]。

母体保護法には、経済的条項は残されたが、胎児条項は加えられていない。そのためほとんどの中絶は、経済的条項によって行われている。胎児には、人間としての権利、さらに言えば、人間の尊厳はないのだろうか。はたして胎児は、いったいいつから一人の人間として見なされるのだろうか。受精の時か、母胎から出た時か、あるいはその間のいつかなのか[18]。その考察にあたっては、単なる生物学的観点からのアプローチでは足りないだろう。なぜなら、それによっては、「人格的存在としての人間」を捉えることができないからである。

それが可能となるのは、哲学的観点や宗教的観点においてであろう。「人間とは人格的存在である」――これは、哲学の書物に現れる一つの人間の定義である。ここで語られる人格とは、いったいどういう意味だろうか。「人格とは理性的本性を有する個的実体である」（ボエティウス、四八〇頃–五二四/五）――これは、中世以来、人格の定義として受け継がれてきた代表的なものである。換言すれば、それは、理性と自由意思をもった自立的存在となるだろう。とするなら、「理性」「自由意思」「自立」を兼ね備えていなければ人間ではない、ということになる。しかしはたして、そう言い切ることができるのだろうか。(19)

第3章　人工妊娠中絶

母体保護法は、「人工妊娠中絶」（artificial termination of pregnancy、以下、「中絶」）について、次のように語る。「〔中絶は〕胎児が、母体外において、生命を保続することのできない時期に、人工的に、胎児及びその附属物を母体外に排出すること」（第2条）である。附属物とは、胎盤、卵膜、臍帯、羊水などである。いずれにしても、中絶は、理由は何であれ、胎児のいのちが奪われることにほかならない。

おそらく、積極的に中絶を行う人はいないだろう。むしろ、悩みながら、戸惑いながら、そうせざるを得ないのが現実であろう。なぜなら、それ自体は本来良くないことであるということをわかっているからである。

時々、「望まない妊娠」という言葉を耳にする。しかしいったい、誰が望まないというのだろうか。おそらくそれは、ことの当事者である二人、あるいはそのどちらかであろう。しかし、この出来事――新しいいのちの誕生――の真の中心人物は、胎児にほかならない。それにもかかわらず、そのことが考えられていない。中絶とは、妊娠のプロセスが止められることではない。むしろ、一人のいのちが第三者によって断ち切られることではないだろうか。

また、「産むか産まないか、それを決めるのは女性の権利」という言葉も聞く。はたして胎児は、女性の所有物なのだろうか。「権利」という言葉には、時として、人間の利己的な思いが見え隠れする。そもそも「自己決定権」という言葉も、丁寧に検証しなければならないだろう。いのちは、本来、人間に「与えられるもの」(恵み)であって「造り出すもの」(生産物)ではない——そのことを、改めて思い起こしたい。

3・1 人工妊娠中絶に関する法律

中絶に関する法律には、「刑法」と「母体保護法」がある。それぞれ、中絶(堕胎)についてどのように語っているのか、以下、確認してみたい。まず、刑法二一二条〜二一六条には、「堕胎の罪」が記されている。

刑法第二九章　堕胎の罪

[堕胎]

第二一二条　妊娠中の女子が薬物を用い、又はその他の方法により、堕胎したときは、一年以下の懲役に処する。

[同意堕胎及び同致死傷]

第二一三条　女子の嘱託を受け、又はその承諾を得て堕胎させた者は、二年以下の懲役に処する。よって女子を死傷させた者は、三月以上五年以下の懲役に処する。

［業務上堕胎及び同致死傷］

第二一四条　医師、助産師、薬剤師又は医薬品販売業者が女子の嘱託を受け、又はその承諾を得て堕胎させたときは、三月以上五年以下の懲役に処する。よって女子を死傷させたときは、六月以上七年以下の懲役に処する。

［不同意堕胎］

第二一五条　女子の嘱託を受けないで、又はその承諾を得ないで堕胎させた者は、六月以上七年以下の懲役に処する。

2　前項の罪の未遂は、罰する。

［不同意堕胎致死傷］

第二一六条　前条の罪を犯し、よって女子を死傷させた者は、傷害の罪と比較して、重い刑に処断する。

ここでは、中絶は、明らかに犯罪であることが記されている。しかし、以下に確認する「母胎保護法」では、刑法の文言が無効にされている。

母体保護法（一九九六年九月二六日施行）

〔この法律の目的〕

第一条　この法律は、不妊手術及び人工妊娠中絶に関する事項を定めること等により、母性の生命健康を保護することを目的とする。

〔定義〕

第二条　この法律で不妊手術とは、生殖腺を除去することなしに、生殖を不能にする手術で命令をもって定めるものをいう。

2　この法律で人工妊娠中絶とは、胎児が、母体外において、生命を保続することのできない時期に、人工的に、胎児及びその附属物を母体外に排出することをいう。

…………

〔医師の認定による人工妊娠中絶〕

第一四条　都道府県の区域を単位として設立された社団法人たる医師会の指定する医師（以下、「指定医師」という。）は、次の各号の一に該当する者に対して、本人及び配偶者の同意を得て、人工妊娠中絶を行うことができる。

一　妊娠の継続又は分娩が身体的又は経済的理由により母体の健康を著しく害するおそれのあるもの

二　暴行若しくは脅迫によって又は抵抗若しくは拒絶することができない間に姦淫されて妊娠したもの

母体保護法は、かつての「優生保護法」(一九四八年)が改訂・施行されたものである。内容的には、優生的条項および胎児条項が削除された。これは一種の除外規定であり、この法律に沿わないで中絶が行われた場合、堕胎罪が成立する。換言すれば、堕胎罪の例外を認めるために作られたもの、と言えるだろう。

特に注目したいのは、第一四条に記された「身体的又は経済的理由」である。これまで、この箇所が拡大解釈されてきた。特にほとんどの中絶は、この経済的条項が適用されている、と言われる。厚生労働省の人口動態統計(二〇一八年)によれば、二〇一八年の出生数は九一万八三九七人で過去最低を更新した。その一方で、国内では、年間約一六万件(一日あたり約四五〇件)の中絶が行われている。

だがそもそも、「経済的理由により母体の健康を著しく害するおそれのある」妊娠とは、いったいどのようなものなのだろうか。

母体保護法の前身は、「国民優生法」(一九四〇年三月二六日成立、一九四一年七月一日施行)である。そこには次のように記されている。「本法ハ悪質ナル遺伝性疾患ノ資質ヲ有スル者ノ増加ヲ防遏スルト共ニ健全ナル素質ヲ有スル者ノ増加ヲ図リ以テ国民素質ノ向上ヲ期スルコトヲ目的トス」(第一條)。この法律の成立には、戦争のために多くの人的資源を必要としていた背景がある。ただその一方で、(戦争の)役には立たない人材は必要ない、といった思いがあったのも事実である。(1)

国民優生法の後に作られたのが、「優生保護法」(一九四八年)である。その背景には、戦後のベビーブームがあった。両者の関係について、佐藤孝道は、次のように述べている。「国民優生法と優生保護法では、前者が『「人的資源」としての増殖を目的にして母体の生命・健康を守る目的以外の人工妊娠中絶を禁止』していたのに対して、後者では、『人工妊娠中絶の合法化をうたった』という違いはあるが、優生的視点はまったく同じで、両者ともに『遺伝性とされた病者・障害者への断種』を明記していただけではなく、優生保護法ではそれをさらに、人工妊娠中絶にまで拡大した[2]」。

優生保護法は、その後二六回の改正の後、「母体保護法」（一九九六年）となった。その際画期的だったのは、条文から「優生」という文言が削除された点である。

胎児の排出方法には、二種類ある。一つは〝掻爬〟と呼ばれる方法であり、もう一つは〝薬剤による中絶〟である[3]。前者は妊娠一一週までの場合に、後者は一二週以降の妊娠が対象となる[4]。〝掻爬〟の場合、胎児は、その途中で破損され死亡する。一方〝薬剤による中絶〟の場合は、陣痛促進剤の影響によって、子宮内で胎児が死亡することもあるが、生きて生まれてくることもある、と言う。いずれにしても、佐藤の次の言葉は、傾聴に値する――「〝妊娠中絶〟と呼ばれるが、〝中絶〟させられるのは、妊娠ではなくむしろ胎児の命である[5]」。

3・2　自己決定権

知る権利

妊婦は、確かに、医師から胎児についての情報を得る権利はある。しかしそれは、無条件にというわけではない。例えば、日本産科婦人科学会は、絨毛検査や羊水検査において、胎児の性別を夫婦に告知することを禁止している。また、「世界保健機関」（WHO）は、父親が誰かを知りたいという要望は認めておらず、それは日本においても同様である。しかし、子供が親と同様に均衡型転座染色体異常で、親が中絶を希望する場合、医師は、日本人類遺伝学会の会告を理由に、均衡型か正常型かを教えることは認めている。[6]同学会の「遺伝カウンセリング・出生前診断に関するガイドライン」（一九九四年）には、次のように記されている。「クライアントが診断検査の施行を要求しても、医師が社会的・倫理的規範に照らして、もしくは自己の信条として同意できない場合はそれを拒否できる」。

ロウ対ウェイド判決（Roe v. Wade）

中絶の自由化・合法化、また女性の自己決定権の推進に追い風となったのが、ロウ対ウェイド判決である。それは、以下のようなものである。

テキサス州ダラス在住の女性ジェーン・ロウ（裁判で用いられた仮名、本名はノーマ・マコービー）がダラス群の地区検事ヘンリー・ウェイドを相手に、中絶を禁止したテキサス州の刑法は合衆国憲法に違反するとして起こした訴訟。連邦最高裁判所は、一九七三年、州法は違憲であるとする判決を下した。最高裁判事のうち賛成は七名、反対は二名であった。[7]

谷本光男は、同判決において注目されるべき点として、以下の四点を指摘する。[8]

(1) 女性が中絶する権利をプライバシーの権利として認め、これは基本的人権に含まれるとした。

(2) それまで慣習法においては、「胎動」が堕胎罪の成立の分岐点とされてきたが、「母体外での生存可能性（viability）」に代えられた。

(3) 胎児は、憲法上、「人」ではないとした。

(4) 生存可能時期の胎児には生命の可能性があり、それは州が保護するに足る利益であるとした。

中絶の自由化は、その後、世界の各国に影響を及ぼした。ロウ対ウェイド判決は、何よりもまず、胎児の人格を否定している。換言すれば、「プロ・ライフ」の考えを否定しているのである。人間の自由意思が人間のいのちの尊厳に勝っている、と言ってもいいかもしれない。この一連の流れについて、ホセ・ヨンパルトと秋葉悦子は、次のように述べる。

ロウ・ウェイド判決は、胎児の人格を否定し、中絶を決定する女性の権利を憲法上のバライヴァシー権（日本では幸福追求権に相当すると解されている）として明確に認めたことで、いわゆる「プロ・チョイス」派の勝利を決定的なものとした。判決は、胎児が母体外で生存可能な二四週以降の中絶については州法で禁止することができるが、二四週未満の中絶を禁止する州法は違憲であるとの判断を示し、その後の中絶自由化の動きを大いに促進した。現在、米国やオランダでは条件付で最終週まで、英国では条件付で二四週まで、フランス、イタリア、スカンジナビア諸国でも一二週まで中絶が自由化されている。(9)

「胎児ははたして人間であるのか」――これは、出生前診断について考察した時にも言及した問いかけであるが、中絶をめぐる論争においても中心的争点である。換言すれば、「人はいつ人間になるのか」ということである。「いつ」という問いかけは、ある瞬間を指しているような印象を与えるが、はたして人間は、ある瞬間を境に一気に人間となるのだろうか。

そもそも人間は、人間としての完成といった点に辿り着くような存在なのだろうか。あるいは常に、成長・発展の段階にあるような存在なのだろうか。受精の瞬間は、確かにあるだろう。それは、一人の人間のいのちの誕生として、確かに大切にしなければならない。しかしそれはまだ、ある特定の人格を持った一人の完成した人間というわけではないだろう。受精から着床、そして細胞分裂の繰り返しというプロセスを経て、人間は、少しずつ一人の人間となっていくのではないだろうか。

パーソン論

「人格とは、理性的で自己意識を有する自立的存在である」――これは、先ほども確認したように、一つの伝統的な解釈である。しかしこの考えに従えば、もしある人が、理性的能力や自己意識に欠けている場合、その人は人格をもった存在としては認められない、ということになる。このような考え方は、一般的に、「人格論」（パーソン論）といわれる。

H・T・エンゲルハート（Hugo Tristram Engelhardt, Jr.）は、その代表的人物の一人であるが、彼は、二種類の人格を提示する。一つは、「厳密な意味での人格」であり、もう一つは、それが拡張されたものとしての「社会的意味での人格」である。この区別に基づいて、彼は、人間の生命を三つに分ける。(1)ものとしての価値だけしかもたない「生物学的生命」、(2)人間としての尊厳をもつ「厳密な意味での人格の生命」、そして、(3)両者の中間に位置する「社会的意味での人格の生命」である[10]。

第4章 優生思想
相模原障害者施設殺傷事件についての一考察

二〇一六年七月二六日深夜二時頃、植松聖《さとし》（当時二六歳）が、知的障害者施設・津久井やまゆり園に侵入し、一九名を殺害、二七名に傷害を負わせた――いわゆる、「相模原障害者殺傷事件」である。わずか一時間余りの出来事であった。この事件が社会に与えた衝撃・影響は、さまざまな点において、他に類を見ない。この事件は無差別殺人ではなく、障害者、特に重度障害者を対象とした殺人事件であった。

植松はかつて、二〇一二年一二月から二〇一六年二月まで、同施設で働いていた。彼が手にかけた障害者は、無抵抗の重度知的障害者であった。犯行の動機や背景については、まだまだ不明確な点が数多くある。事件後、彼は、二〇一六年九月二一日から二〇一七年二月二〇日にわたって、最初の精神鑑定を受けた。その結果、「自己愛性パーソナリティ障害」という診断が、下された。パーソナリティ障害は、精神障害ではない。それゆえ、責任能力は問えると判断され、横浜地検は二月二四日、彼を起訴した。二〇二〇年三月、多くの人が予想していたように、彼には死刑判決が下された。しかし、彼は控訴することなく、刑は確定された。(1) これは、市野川容孝が語るように、世の中には「生きるに値しない生命」がある——死刑の肯定——ということに基づいたものであろう[2]。

ここでは、以下の四点について、考察を進めたい。まずこの事件の本質は、植松という一個人の常軌を逸した異常性だけに還元して終わるようなものではなく、彼のような考えを生み出した社会の現実そのものを捉えることにこそある、ということを確認したい。次に被害者は、そのほとんどが実名ではなく匿名で公表されたということは何を意味するのか、そのことを検証する。第三に今回の事件は、ある意味で一般社会から隔離された障害者集合施設で起きたという点を検討したい。そもそもなぜ彼らは、施設に収容されなければならなかったのであろうか。第四に植松は、事件の直前に約二週間弱だが、精神病院に措置入院させられたという点である。彼が犯行を思い立ち準備を始めたのは、まさにこの期間であった。

4・1　優生思想

植松は、事件の前に、衆議院議長・大島理森宛ての手紙の中で、次のように記している（二〇一六年二月一四、一五日）。この手紙は、障害者の抹殺を正当化するとともに、随所に優生思想を見ることができる[3]。

私の目標は重複障害者の方が家庭内での生活、及び社会的活動が極めて困難な場合、保護者の同意を得て安楽死できる世界です。重複障害者に対する命のあり方は未だに答えが見つかっていない所だと考えました。障害者は不幸を作ることしかできません。

彼の言葉の根底には、明らかに優生思想を見ることができるだろう（彼自身は否定しているが）。優生思想と聞けば、多くの人は、アドルフ・ヒトラーを思い出すかもしれない。しかし優生思想は、ヒトラーに始まったわけではなく、それ以前からあまねく世界中で、人々の心奥深くに滲み渡っている。一九二〇年に『価値なき生命の抹殺を容認する書』という本が出版された。著者は、精神科医のアルフレート・エーリッヒ・ホッヘと法学者のカール・ビンディングである。さらにさかのぼれば、優生思想そのものは、一九世紀後半、フランシス・ゴルトンやアルフレート・プレッツら科学者によって提唱された。ヒトラーの断種政策やＴ４作戦は、その延長線上にある。

4・2 事件の背景

問題は、なぜどのようにして、植松がこのような考えを抱くようになったのか、という点である。彼には、最初から、障害者への差別感情や憎悪などがあったのだろうか[4]。もしそうなら、三年余りも障害者施設で働いたということをどのように見たらいいのだろうか。多くの人は、この事件と植松本人の特異性を強調する。それは、間違ってはいないだろう。しかし同時にまた、森達也が述べるように、普遍性にも目を向けなければならないのではないか[5]。それは、事件の根本的な原因を探求することでもあり、そうしなければ、同様の事件を未然に防ぐことはできないであろう。

二〇〇六年一二月、国連で「障害者の権利に関する条約」（以下、障害者権利条約）が採択された。日本政府は、翌二〇〇七年九月に署名し、二〇一四年一月に批准した。同条約に基づき、二〇一六年四月一日、「障害者差別解消法」が施行された。今回の事件は、その直後に起きた。「障害者権利条約」の第一〇条では「生命に対する権利」として、以下のように明記されている。

締約国は、全ての人間が生命に対する固有の権利を有することを再確認するものとし、障害者が他の者との平等を基礎としてその権利を効果的に享有することを確保するための全ての必要な措置をとる。

4・3 津久井やまゆり園

事件の舞台となった津久井やまゆり園は、神奈川県相模原市緑区千木良に位置する。ここは、二〇〇六年までは相模湖町千木良であり、同年、津久井町とともに相模原市に編入されることとなった。人里離れた高尾山のふもとの山間の地であり、相模原市の周辺に位置する。同園は、一九六四年、神奈川県によって、精神薄弱者福祉法に基づく精神薄弱者援護施設として設立された。同年は、東京オリンピックが開催された年である。事件当時、津久井やまゆり園には、一五七人の利用者が入所していた。事件後も、敷地内の体育館で九〇名の方が暮らしていた。

このように同施設は、一般社会からは隔離された所に設置されている。このことは、事件の原因を究明するにあたって、重要な点となる。なぜなら、施設環境とそこでの教育の形態とは、密接につながっているからである。日本は、これまで、障害のある子とない子の分離教育を進めてきた。障害者の隔離施設は、その延長線上にある。このような状況で、私たちは、はたしてお互いを知ること、また補い合い助け合うことを、平凡な生活のレベルで学ぶことができるのであろうか。人間は、同じ生活空間で共に暮らすこと、そのような経験がなければ、互いの思いを推し量ることは難しい。このような現実は、私たちに、想像力の欠如をもたらす。想像力の欠如――それは、相手の思いを自分の思いによって勝手に理解することにほかならない。

4・4 生きるに値しない生命？

「障害者には生きる価値がない」――と植松は語る。この言葉を聞いて、私たちは、いったいどのような印象を受けどのような思いを抱くのであろうか。このような考えは、確かに、優生思想に基づいたものであり、ヘイトクライム（憎悪に基づく犯罪）へとつながる。(6) 彼の考えは、支離滅裂なのであろうか。あるいは、それなりにスジが通っているのであろうか。ある人は、彼の犯行は、障害者への差別や憎悪といった不合理な感情や衝動に基づいたものではない、と言う。しかし問題は、次のように語る人が、少なからずいることにあるのではないだろうか。「犯罪そのものは許せないが、加害者の気持ちはわかる」、あるいは、「事件は否定するが、動機は理解する」。このような考えは、実は社会の隅々に、また一人ひとりの心の奥深くに、ある種の感染症のように静かに浸透していく。

しかしはたして、生きるに値しない生命など、本当にあるのだろうか。あるとすればそれは、いったいどのような生命なのであろうか。あるいは何をもって、生命は、生きるに値するものと言えるのだろうか。「パーソン論」を標榜する人々は、世の中には、「生きるに値しない生命」(Some lives are not worth living)がある、と言う。例えば、ピーター・シンガーによれば、あるヒトが生きるに値する人間であると言えるのは、その人間が、「人格」(パーソン)を備えている限りである。この場合の「人格」とは、自己意識ができ、ものごとを理性的に考え、他人と意思疎通ができることである。それゆえ、胎児や乳児、重度の知的障害者、また脳死状態の人などは、「人格」とは呼べず、それゆえ、「生きるに値しない生命」となる。

4・5 生命と尊厳を奪う二重の殺人

福島智は、今回の事件において、被害者は二重の意味で殺害された、と指摘する。一つは、文字通り肉体的・身体的生命を奪う「生物学的殺人」であり、もう一つは、人間の尊厳や生きる意味そのものを、優生思想によって否定する「実存的殺人」である。換言すればこれは、「障害者はそもそも生きている意味がない」という理解にほかならない。植松の行為は、確かに常軌を逸している。しかし問題は、なぜ彼がそのような考えを抱くようになり、更にそれを実行したのか、といった点にある。当然彼は、社会の影響を受けているはずである。福島の言葉を見てみよう。

こうした思想や行動の源泉がどこにあるのかは定かではないものの、今の日本を覆う「新自由主義的な人間観」と無縁ではないだろう。労働力の担い手としての経済的価値や能力で人間を序列化する社会。そこでは、重度の障害者の生存は軽視され、究極的には否定されてしまいかねない。しかし、これは障害者に対してだけのことではないだろう。生産性や労働能力に基づく人間の価値の序列化、人の存在意義を軽視・否定する論理・メカニズムは、徐々に拡大し、最終的には大多数の人を覆い尽くすに違いない。つまり、ごく一握りの「勝者」「強者」だけが報われる社会だ。すでに、日本も世界も事実上その傾向にあるのではないか。(7)

4・6 措置入院

国は事件の後、こう語った――「再発防止」。そのために取った方策は、被害者側に対しては「防犯の徹底」、加害者側に対しては「措置入院の見直し」であった。いわゆる、保安処分である。これは、事件の出来《しゅったい》の根本的原因を見つめようとしない態度の現れである。

「措置入院」とは、精神保健福祉法二九条に定められた、精神障害者の入院形態の一つである。精神科への入院にあたっては、自発入院(任意入院)と非自発入院がある。後者には、措置入院と医療保護入院がある。非自発入院は、その言葉が示すように、本人の同意がないまま強制的に入院させるものである。措置入院は、自傷・他害のおそれを重視した入院であり、指定医二名以上の判断が必要とされる。都道府県知事(または政令指定都市の市長)の権限と責任において行われる。

植松は、衆議院議長・大島理森宛ての手紙の中で犯行予告をしていた。それがきっかけとなって、彼は、措置入院されることとなった。しかし入院は、わずか二週間あまりで解除された。ある人々は、安易に措置を解除したからあのような事件が起きたのだ、と言う。このような理解は、「精神障害者は再犯の恐れがあるから隔離すべし」といった考えと通底する。一方、もし措置入院させられなければ、彼は、犯行には及ばなかったかもしれない、といった考えもある。事実、植松が犯行を決意し準備し始めたのは、この入院中であった。安易な措置入院は、かえって犯行を後押しする可能性がある、ということだろうか。

桐原尚之は、安易な措置入院が植松の犯行の後押しになったと考え、次のように述べる。

二〇一六年九月一日の民進党内閣部門・厚生労働部門合同会議において警察庁は、容疑者を精神錯乱者であると判断し、警職法に基づき措置入院の通報をした旨の回答をした。筆者には、警察庁のこの判断こそが全ての誤りを引き起こした原因であったように感じる。思想は医療では治らないし、治すべきでもない。そんな当たり前のことを忘却して、便利な治安装置を精神科医療に担わせようとしてきたのが今の政府のあり方である。(8)

また、措置入院は、人権問題とも深くつながっている。船橋裕晶は、次のように語る。

そもそも措置入院制度について、自傷・他害の危険性がある場合であれば、「治療」という名目で本人の了解を得ず、強制的に入院させ、隔離、拘束しても構わないということは、治療のためなら人権を全く無視しても構わないということです。まだ犯していない犯罪について「犯す可能性がある」という理由で隔離・拘束することは本人の治療のためではなく、本人以外の人を守るためのシステムと言えます。そのような人権を無視した「治療」が行われると、心にトラウマを残したり、地域に復帰後も自分の障害について嫌悪感を持ち、自分自身を否定的に捉えたり、自分の人生に対しても諦めと絶望感を持ってしまい地域生活に支障が出てきます。しかもまた調子が悪くなれば、再入院の可能性もあるので余計に希望が失われます。(9)

「施設は私たちのためにあるのではない。あなたがた健常者のためにある」（三井絹子）――この言葉を引用しながら、深田耕一郎は次のように述べる。

とても平易な言葉だが社会の矛盾を鋭く突いた言葉だと思う。この社会は施設が障害者のためにつくられていると信じて疑わない。しかしそれは違う。家族が、あるいは地域住民が、もっといえば社会全体が、担い切れない障害者の存在を施設に閉じ込め、そうすることで安楽な生活を手に入れている。(10)

4・7 日本における精神病床の現実

日本では、いったいどのくらいの人が、いわゆる精神病院に入院しているのであろうか。厚生労働省の精神保健福祉資料によれば、以下のようになっている。二〇一七年六月三〇日の時点で、在院患者は二八万四一七二人。そのうち、任意入院は一五万七二二二人（五三・〇%）、医療保護入院は一三万三六〇人（四五・九%）、措置入院は一六二二人（〇・六%）、その他の入院は八二九人（〇・三%）、不明が六四〇人（〇・二%）。任意入院は減少しているが、医療保護入院は増加の傾向にある。

厚生労働省の医療施設調査・病院報告によると、日本における精神病床数は、三三万一七〇〇床にのぼる（二〇一七年）。これは、全病院のベッドの二一・三%に相当する。平均在院患者数は二八万六二七七人、平均在院日数は二六七・七日。ちなみに、一般病床では一六・二日、長期入院向けの療養病床では一四六・三日である。それにしても、日本における精神病床数は、他の国々のそれと比べても圧倒的に多い。OECD（経済協力開発機構）の統計（二〇一六年）によれば、人口一〇〇〇人あたりの精神科ベッド数は、日本が二・六でトップとなっている。ちなみに、加盟三五か国の平均は、〇・七である。

4・8 課題

匿名による公表

今回の事件において、被害者は、実名ではなく匿名で公表された。この点は、特に私たちが、再考しなければならない問題の一つである。これは、神奈川県警によってなされたのだが、いったいどのような含みを持っているのであろうか。県警の善意の計らいであろうか。もしそうだとするなら、その善意とは、いったい何を意味するのであろうか。しかし同時にまた、被害者の家族の方から匿名にしてほしい、との意向があったのも事実である。その家族の思いは、いったいどのようなものであったのであろうか。いずれにしても、問題は、彼らがそう思わざるを得ないようになった、その原因にある。それは、社会そのもののあり方に由来するのではないだろうか。社会の中に、またそこに生きる人々の中に、言葉では捉えにくく、また表現するのもはばかられる障害者への差別意識があったことを、はたして否定できるであろうか。

このような現代社会は、いったい、どのような社会なのだろう。それは、競争至上主義、生産性至上主義、あるいは、能力至上主義などによって浸食された社会と言えるのだろうか。そして、このような考えの背後あるいは根底に、新自由主義の影響を見ることは、はたして見当違いなのであろうか。

植松に欠けていたもの

障害者は自分とは対極にある――これが、植松の原点であった。そうでなければ、「障害者には生きる価値がない」という理解に向かうことも、またそれに基づいたあのような行為に及ぶこともなかったであろう。彼に欠けていたもの――それは、「想像力」。つまり、彼は、自分もやがては年老いて弱くなっていくこと、あるいはまた、何らかの障害を負う可能性があること。そのようなことに、思いを馳せることができなかったのである。

植松は、意思疎通がとれない人を「心失者」と呼んだ。しかし、彼の理解する「心」とは、いったいどのようなものなのか。意思疎通とは、彼によれば、正確に自己紹介（名前・年齢・住所）ができることにある。それゆえ、それができないような人間は、生きている意味も価値もない。畢竟、赦されるのは安楽死させること――これのみである。

しかし人間は、そもそも不完全な存在である。換言すれば、何らかの弱さや欠点を持っている。その事実を客観的にまた謙虚に見ること、それこそが、自己認識の原点ではないだろうか。

【コラム2】……………いのちを整える

辰巳芳子氏が、『仕込みもの』の中で、次のように語っている。

ものを相手にする人々の中には、ものを支配する気分の持ち主と、そうではなく、ものに従い、ものの自由を認め、収まるべきところへ収まるように自分は手を貸すのみと心得ているかたとがあるようです。「ものに従ってゆく態度」とは、「仕える態度」と言いうると思います。(1)

心を込めてものに仕える――これが、「仕込む」ということの真意ではないか、とそう思う。ここで語られる「もの」とは、いわゆる、道具であろうが、更にその延長線上に「自然」を含めることも、あながち間違ってはいないのではないだろうか。自然と一つになり、自分と一つになる。それによって、私たちは、〝いのちそのもの〟と一つになることができるだろう。それが、「いのちを整える」ことの目指すところにほかならない。

「生命」から「いのち」へ

「いのち」と「生命」とは、端的に同じものではない。前者は後者を含みながらも、それ以上の内容をもっている。つまりいのちとは、単なる生物学的な意味での生命にとどまらず、ある人の生きがいやライフワーク、さらには、生きることの意義そのものまでも含んでいる。

日々私たちは、さまざまな集団に属しながら生活している。例えば、家族、学校、会社、サークル、地域、国、そしてこの地球などである。このように私たちは、さまざまなグループの重なりの中で生きている、と言える。しかし、もしどこにも自分の属するグループが見出せない時、私たちは、どうなるだろう――孤独。それは、いのちを失うことにほかならない。

毎年、三万人弱の人が、自らのいのちを絶っている――これが、この国の現実である。この現実を、どのように捉えたらいいのだろう(2)。

尊厳とは

「いのちの尊厳」という言葉に出会う時、私たちは、ある戸惑いを覚える。〝尊厳〟とは、そもそも、どういう意味なのだろう(3)。ふと、心に落ちてきた二つの言葉――ありがたさとかけがえのなさ。ありがたさとは、滅多にないこと、あるいは極めてまれであること。かけがえのなさとは、他に代わりはないということ。どんな人であっても、その人の代わりは、昔も今もそしてこれからも、どこにもいない。

例えば、聖書によれば、人間の尊厳の根拠は、次の二つの点に見ることができる。一つは、人間は神に似た者(「神の似姿」)として造られている、ということ。

神は御自分にかたどって人を創造された。
神にかたどって創造された。
男と女に創造された。(創1:27)

もう一つは、その人間には神のいのちの息が注がれている、ということ。

主なる神は、土（アダマ）の塵で人（アダム）を形づくり、その鼻にいのちの息を吹き入れられた。人はこうして生きる者となった。（創2：7）

この言葉は、次の言葉を思い起こさせる。We are only dust — but beloved dust [by God]（私たちはほんの塵に過ぎない。しかし単なる塵ではなく、神に愛された塵である）。ここには、人間の二つの本質が語られているのではないか、と思う。一つは人間の儚さであり、もう一つはかけがえのなさである。人は亡くなれば、骨となり、塵となって、この世を去って行く。その意味で確かに、人間は儚い。しかし人間は、死によって存在のすべてが無に帰するわけではない。神のいのちの息が注ぎ込まれているかぎり、人間は生きる。生きるとは、そういうことではないか。そのいのちの息が注がれなくなる時、人は死に向かう。「息を引き取る」とは、そういうことを言うのだろう。

恵みとしてのいのち

いのちとは、私たちに与えられるもの（恵み）であって、私たちが造り出すもの（生産物）ではない。〝いのちそのもの〟は、まったく自由に、私たち一人ひとりに、そのいのちを与えられる。私たちは、その初めも終わりも自ら決めることはできない。その現実に対して自分の思いのままにしようとするとき、人は思い悩む。

だから、言っておく。自分の命のことで何を食べようか何を飲もうかと、また自分の体のことで何を着ようかと思い悩むな。命は食べ物よりも大切であり、体は衣服よりも大切ではないか。空の鳥をよく見なさい。種も蒔かず、刈り入れもせず、倉に納めもしない。だが、あなたがたの天の父は鳥を養ってくださる。あなたがたは、鳥よりも価値あるものではないか。あなたがたのうちだれが、思い悩んだからといって、寿命をわずかでも延ばすことができようか。（マタイ6：25―27）

私たちのいのちは、確かに、自分のいのちである。しかし同時にまた、自分だけのものではない。いのちは与えられている――この事実から目を逸らす時、私たちは、決して自分の生きる意義と出会うことはできないだろう。

仕え合ういのち

これまで、いろいろな人と出会ってきた。しかし、次のような人に出会ったことは、一度もない――「私は不幸になりたい。そのために一生懸命生きている」。言い換えれば、それは、人は誰でも〝しあわせ〟を求めて生きているのである。

〝しあわせ〟は、普通、「幸せ」と書くだろう。それは、正しい。しかし、もう一つの表記もある――それは、「仕合せ」。「仕え合う」ことによって与えられる「仕合せ」である。自分の仕合せでありながら、自分一人ではそこに辿り着くことのできない、「仕合せ」である。

自分のいのちは他のいのちによって生かされている――それを忘れるとき、人は、傲慢になる。自分のいのちは他のいのちを生かしている――それを忘れるとき、人は、希望を失う。いのちといのちの出会いは、単なる偶然でも、また必然の結果でもない。互いに仕え合うことによって、私たちは、真の仕合せへと招かれる。

この世を去るとき、イエスは、弟子たちとの食事を切に願った。いわゆる、最後の晩餐である（一コリント11：23－26)。食事が終わると、彼は、やおら弟子たちの足を洗い始めた。足を洗うという行為は、当時、最も身分の低い奴隷の仕事とされていた。「互いに足を洗い合いなさい」――彼の遺言。これは、「互いに仕え合う」ということ、ひいては、「互いに愛し合う」ということにほかならない。

あなたがたに新しい掟を与える。互いに愛し合いなさい。わたしがあなたがたを愛したように、あなたがたも互いに愛し合いなさい。(ヨハネ13：34)

いのちのことば

言葉は、単なる伝達手段ではない。むしろそれは、互いのいのちの交換において、なくてはならないものである。「人の口は、心から溢れ出ることを語る」――たとえそれが、良い言葉であっても悪い言葉であっても、もし心の中になければ、口をついて出てくることはないだろう。

言葉は、人を慰めることも励ますこともできる。しかし同時にまた、人を傷つけ悲しませることもある。

心の中にどのような言葉を持っているか――それによって、その人の人間としての状態《ありかた》は決まってくる。

悪い実を結ぶ良い木はなく、また、良い実を結ぶ悪い木はない。木は、それぞれ、その結ぶ実によって分かる。茨からいちじくは採れないし、野ばらからぶどうは集められない。善い人は良いものを入れた心の倉から良いものを出し、悪い人は悪いものを入れた倉から悪いものを出す。人の口は、心からあふれ出ることを語るのである。(ルカによる福音書〔以下、ルカ〕6：43－45)

自分の中に、いつも大切な言葉・好きな言葉を三つ持っていたい。そして、今日はこの言葉、明日はこの言葉、とその日のキー・ワードを決めて、それを折りにつけ思い返すなら、きっと私たちは、その言葉の意味を体現するような人になるだろう——言葉の力。

いのちに仕えるために

「神への愛」と「隣人への愛」——これらは、端的に同じものではない。しかし同時にまた、分かつこともできない。なぜなら、前者は後者の根拠であり、後者は前者の具体的な現れだからである。

このように愛は、常に普遍的であると同時に具体的でもある。すなわち愛は、〝いのちそのもの〟としてすべてのものにいのちを与え、一つひとつの行為において形を取る。

感覚的な目では見ることのできない神。しかし私たちは、自分の相対する具体的な人との関係において、その神を体験することはできる。それゆえ、問われるべきは、その関係の中に〝いのちそのもの〟の働きを観ることである。

愛を身にまとう

「先生、律法の中で、どの掟が最も重要でしょうか。」イエスは言われた。「『心を尽くし、精神を尽くし、思いを尽くして、あなたの神である主を愛しなさい。』これが最も重要な第一の掟である。第二も、これと同じように重要である。『隣人を自分のように愛しなさい。』律法全体と預言者は、この二つの掟に基づいている。」（マタイ22：36–40）

どんな人にも、弱さや欠点はある。つまり、どこにも完璧な人などいないのである。「人間は、なぜ不完全なのだろう」――この問いかけの意味するところは、深くて広い。私たちにとって大切なこと――それは、お互いの弱さや欠点を指摘するのではなく、むしろ、それらを補い合い、受け容れ合い、そして赦し合うことにこそあるのではないだろうか。

自分の生活の基は、どこにあるのだろう。それがより確かなものであればあるほど、私たちは、平和のうちに生きて行ける。もし、〝いのちそのもの〟に、生活の基を見出すなら、きっと私たちは、感謝と喜びのうちに生きて行けるだろう。

あなたがたは神に選ばれ、聖なる者とされ、愛されているのですから、憐れみの心、慈愛、謙遜、柔和、寛容を身に着けなさい。互いに忍び合い、責めるべきことがあっても、赦し合いなさい。主があなたがたを赦してくださったように、あなたがたも同じようにしなさい。これらすべてに加えて、愛を身に着けなさい。愛は、すべてを完成させるきずなです。(コロサイの信徒への手紙〔以下、コロサイ〕3:12-14)

愛を身にまとうとき、人は、どのような人間になるのだろう。「平和を実現する人は幸いである、その人たちは神の子と呼ばれる」(マタイ5:9)。

秩序のあるところ、そこには必ず静けさがある。この静けさこそ、真の平安であり平和であり、私たちのいのちが整えられる場にほかならない。

第5章　脳死・臓器移植

脳死・臓器移植の問題は、確かに、多くの人々の関心を集めている。しかしはたして、どれくらいの人が、この出来事の現実を正しく理解・把握しているのだろうか。

まず、「脳死・臓器移植」という表現に注目してみたい。両者の間の「・」は、いったい何を意味するのだろうか。思うに、これは、列車の連結部分のようなものではないだろうか。つまり、「脳死」と「臓器移植」は、それぞれ異なった概念ではあるが、まったく分けて考えることはできない、ということである。以下において詳しく考察するが、簡潔に言えば、脳死は、臓器移植を正当なものとして行うために作られた概念であり、人格的存在としての人間のある状態である。

5・1　曖昧な現実理解

曖昧な問いかけ

「あなたは、脳死を人の死だと思いますか」――おそらく、多くの人は、どこかでこの問いかけをされたこと、あるいは、見たり聞いたりしたことがあるのではないだろうか。この問いかけは、いずれにしても、YESかNOのいずれかの応えを求めているのであろう。しかし多くの人は、たとえその応えがいずれであっても、何らかの戸惑いを覚えるのではないだろうか。つまり、はっきりとYESかNOと言い切れないのである。なぜか。

仮にYESならば、それは、「脳死＝人の死」であり、NOならば、「脳死≠人の死」ということを意味するのであろう。いずれにしても、しかし、これらの応えの背後には、無意識の中にも、ある一つの理解があるのではないか。それは、「脳＝人」という理解である。イコールで結ばれるとは、左辺と右辺が等しいということを意味する。しかし考えてみれば、これはおかしな人間観である。確かに、脳は、さまざまな人間の機能の中でも、とりわけ重要な位置を占めている。しかしだからと言って、「人間のすべてが脳である」と言えるのであろうか。

確かにこれは、極めて単純化した考え方ではある。そもそも私たちは、脳についていったいどれくらい理解しているのだろうか。また自分自身を含めて、人間という存在について、どれくらい知っているのであろうか。さらに私たちは、「死」についてどれほどの共通理解を持っているのだろうか。これらはすべて、曖昧な領域に留まっている。そのような現実において、簡単に、「脳死は人間の死である（脳死＝人）」とか「脳死は人間の死ではない（脳死≠人の死）」と言えるのであろうか。実は多くの人は、何となく（雰囲気で？）脳死が分かったような気になっている、だけのことなのではないだろうか。

死の判断基準

日本では、死の判断基準を心停止としている。死の三徴候としては、⑴心停止、⑵呼吸停止、そして、⑶瞳孔散大がある。

では脳死は、どのように考えられるのだろうか。「臓器移植法」(一九九七年)によれば、次のように説明される。「脳幹を含む全脳の機能が不可逆的に停止するに至ったと判定されたもの」。この状態を、はたして、人間の死と見なしていいのだろうか、あるいは、そうではないのか。ある人々によれば、これは、あくまでも脳という機能が喪失した状態であって、端的に、一人の人間の死を意味するわけではない、とされる。[1] それゆえ、「脳死」は、脳死状態での臓器移植を前提とした場合に限って、「人の死」として理解されるのである。つまり、それ以外の脳死状態は、「人の死」としては認められていないのである。

脳死の判定項目は、六つある。⑴深い昏睡、⑵瞳孔の散大と固定、⑶脳幹反射の消失、⑷平坦な脳波、⑸自発呼吸の停止、そして、⑹六時間以上経過後も変化がないこと。これらの項目は、二人の専門医によって行われ、二回目の脳死判定の終了時刻が、死亡時刻となる。

しかし、驚くべき現実がある。それは、このような脳死判定がなされても、現場で働く医師・看護師は、現実感覚として、その人が死んでいるとは思えない、と言うのである。実際、判定後に触ってみるとまだ温かく心拍もある。またある人は爪が伸びたり、別のある人は髪の毛が伸びたりする、といった現実がある。さらに驚くべきことには、出産までした人もいる、と言う。このような現実を踏まえて、小松美彦は、次のように述べる。

脳死患者は、運動能力もおそらく意識もなく、遠からず死に至ると言われていますが、心臓が動いており、さわると温かく、汗や涙を流し、妊婦であれば出産し、時には反射的に動きます。脳死・臓器移植とは、このような脳死患者を死んだものと見なし、その者の心臓や肝臓を取り出し、別の患者に移植する医療です。臓器受容者はそれによってはじめて助かる可能性が高いのですが、一方、臓器提供者は確実に死にます。(2)

「臓器移植法」の改正にあたって、町野案という原案があった。この原案のポイントは、人間の死を脳死に還元するという点にある。つまり、それまでの「臓器移植法」では、心臓死と脳死の両方が認められていたが、それが脳死に一元化されたのである。その理由は、死の理解が人によって違うのならば、それは、法的に馴染まないからである。またある人にとっては、医療費の削減が考慮されていたのかもしれない。

5・2 なぜ脳死概念が求められるのか

「臓器移植法」から「改正法」へ

「臓器移植法」(一九九七年)は、正しくは、「臓器の移植に関する法律」という。それによれば、臓器提供を前提とする場合のみ、脳死状態は、人の死と見なされる。これは、死体からの臓器提供についてまとめたものであり、生体間移植とは直接関係ない。その後、二〇一〇年に「臓器の移植に関する法律の一部を改正する法律（改正法）」が施行された。それによれば、脳死状態を人の死と見なすが、ガイドラインにおいて、脳死判定は臓器提供を前提とするとされている。もし本人が、臓器提供の拒否を書面や口頭で明確に述べていた場合は、それがそのまま採用される。一方、本人の意思が不明である場合、家族の書面による承諾により、臓器の摘出及び脳死判定を行うことが可能となる。

脳死状態と植物状態

ご存知のように、人間の脳は、主に、大脳（思考、意識、感覚などの中枢）、小脳（運動、平衡などの中枢）、そして脳幹（呼吸、体温調整などの生命活動一般の中枢）によって成り立っている。

脳死状態とは、一般的に、「脳幹を含む全脳の機能の不可逆的な停止」を意味する（全脳死[3]）。つまり、厳密に言うならば、脳は、死んでいるのではなく、機能が停止しているのである。このことをもう少し深く理解するために、脳死状態と植物状態との相違を確認してみたい。

はたして、どれくらいの人が、両者の相違を理解しているのだろうか。植物状態とは、脳全体のうち、大脳と小脳が機能停止した状態、もしくは機能が著しく低下した状態を意味する。それゆえ、かりに植物状態となっても、脳幹が機能しているかぎり、呼吸・栄養摂取の働きは行われる。一方、脳死状態は、大脳と小脳に加えて脳幹までもが不可逆的な機能停止の状態である。それゆえ、自発的な呼吸作用はできないが、心臓は、依然として働いている。

脳死状態について、吉開俊一は、次のように七つの点に簡潔にまとめている。(4)

1　脳死の状態とは、脳の機能がすべて喪失し、回復が不可能な状態である。
2　脳死の状態に陥ると、意識のわずかな回復も絶対にありえない
3　脳死の状態に陥ると、心臓の自律的な拍動は数日間から数週間以内に一〇〇%停止する。
4　脳死の状態とは、生き延びることが不可能な状態である。
5　脳死の状態と、脳の神経細胞の全てが死滅しているか否かの議論とは無関係である。
6　脳死の状態と、「脳死では、脳がドロドロに溶けている」の論旨とは無関係である。
7　脳死の状態では、患者は生きている。

ドナーとレシピエント

先にも述べたように、脳死という概念が作られたのは、合法的に臓器移植を行うためである。臓器移植という行為には、臓器提供者（ドナー）と臓器受容者（レシピエント）がいる。心臓と肝臓に関して言えば、ドナーは、死を迎える。それゆえもし、脳死判定・臓器移植が合法的でなければ、それを行った医師は、殺人罪に問われることになる。

提供される臓器は、生きたものでなければならない。しかも、新鮮であればあるほどいい。もしそうでなければ、そもそも、臓器移植の意味はないだろう。

ドナーとレシピエントの関係について、また、それぞれについて、私たちは、どれほど知っている

のだろうか。一般的に私たちは、レシピエントに関する情報はいろいろ与えられるが、ドナーについてのそれは、ほとんど知らされていない。これが、現実である。つまり、臓器移植に関する私たちの情報・知識は、極めてレシピエントに偏っているのである。ともすると、一連の流れが、あまりにもドラマチックに報道されている、と言えなくもない。

レシピエントの余命

レシピエントは、その後、どの位生き延びるのであろうか。実は現実は、私たちが素朴に思っているほど、レシピエントのその後の平均寿命は長くない。それには、さまざまな原因があると言われる。例えば、移植臓器そのものの問題、免疫抑制剤による副作用、そして感染症などである。

移植の成績は、一般的に、「生存率」や「生着率」によって表わされる。日本移植学会によれば、以下のような報告がなされている。[5] 二〇一七年末までに、脳死肝移植を受けた三七五名の累積生存率は、九二%（一年）、九〇%（三年）、八八%（五年）、八二%（一〇年）、七六%（一五年）。生体肝移植の累積生存率は、八六%（一年）、八二%（三年）、七九%（五年）、七四%（一〇年）、六九%（一五年）。二〇一七年八月三一日までに、心臓移植を受けた四〇八人の累積生存率は、九二・五%（五年）、八九・一%（一〇年）、八五・一%（一五年）。

移植後の生存率は、はたして高いのだろうか。それは、移植を受けることができなかった人の生存率と比較してみなければならないが、単純な比較は難しいだろう。ただし、日本臓器移植ネットワークによれば、肺移植に関してだが、移植を受けなければ数か月後には亡くなっていた可能性を考えれ

ば、評価できると言われる。(6)

さまざま問題

臓器移植にあたっては、そのほかにもさまざまな問題がある。はたして、自分あるいは家族（の誰か）に、臓器提供の可能性はあるのだろうか。その場合、どのくらい待たなければならないのか。費用はどのくらいかかるのか。また、臓器提供は公平に行われるのか。そもそも、臓器とレシピエントの適合性も、大きな問題の一つである。

また、大きな問題がある。それは、はたして脳死者に意識があるのだろうか、あるいはないのであろうか。それと関連して、考えられるのは、臓器摘出時には痛みがあるのだろうか。

吉開俊一は、次のように語る。「脳死の場合、医学的にはドナーはすでに深昏睡状態であり、しかも脳の感覚中枢がダメになっているので痛みは感じない。臓器摘出時に血圧や脈の変動が見られることがあるが、これは脳とは無関係の脊髄と末梢神経の反射回路によるもの(7)」。

一方、小松美彦は、次のように述べている。

「ラザロ兆候」について医学論文を書いている日本人の医師は、私が知っている限り二グループいます。その人たちが脳死反対論者かどうかはわかりませんが、ただ、「ラザロ兆候」が脊髄反射であると断定することはできないと書いてあります。脊髄反射ではなく、脳の反射である可能性もあると言っているのです。九七年に制定された「臓器移植法」の脳死患者の定義に、「脳幹を含む全脳の機能が不可逆的に停止するに至ったと判定されたもの」という文言がありますが、「ラザロ兆候」が仮に脳の反射であるとすれば、脳死者の脳は、機能していることになるわけです。[8]

「ラザロ兆候」(Lazarus sign)とは、脳死判定された患者が、自発的に手や足などを動かす動作を指す。一九八四年、アラン・H・ロッパーによって命名されたが、それは、聖書の中で語られる一つの物語に由来する。いったんは死んだラザロが、イエスによって蘇ったという物語であるが、以下のように記されている。

ある病人がいた。マリアとその姉妹マルタの村、ベタニアの出身で、ラザロといった。このマリアは主に香油を塗り、髪の毛で主の足をぬぐった女である。その兄弟ラザロが病気であった。姉妹たちはイエスのもとに人をやって、「主よ、あなたの愛しておられる者が病気なのです」と言わせた。イエスは、それを聞いて言われた。「この病気は死で終わるものではない。神の栄光のためである。神の子がそれによって栄光を受けるのである。」……

マルタはイエスに言った。「主よ、もしここにいてくださいましたら、わたしの兄弟は死ななかったでしょうに。しかし、あなたが神にお願いになることは何でも神はかなえてくださると、わたしは今でも承知しています。」イエスが、「あなたの兄弟は復活する」と言われると、マルタは、「終わりの日の復活の時に復活することは存じております」と言った。イエスは言われた。

「わたしは復活であり、命である。わたしを信じる者は、死んでも生きる。生きていてわたしを信じる者はだれも、決して死ぬことはない。このことを信じるか。」マルタは言った。「はい、主よ、あなたが世に来られるはずの神の子、メシアであるとわたしは信じております。」

……（中略）……

イエスは、再び心に憤りを覚えて、墓に来られた。墓は洞穴で、石でふさがれていた。イエスが、「その石を取りのけなさい」と言われると、死んだラザロの姉妹マルタが、「主よ、四日もたっていますから、もうにおいます」と言った。イエスは、「もし信じるなら、神の栄光が見られると、言っておいたではないか」と言われた。……。〔イエスは、〕「ラザロ、出て来なさい」と大声で叫ばれた。すると、死んでいた人が、手と足を布で巻かれたまま出て来た。顔は覆いで包まれていた。イエスは人々に、「ほどいてやって、行かせなさい」と言われた。（ヨハネ11：1－4、21－27、38－40、43－44）

また小松は、次のような事例を紹介している。脳死判定後、臓器摘出のためにメスを入れたところ、それまで一二〇だったドナーの血圧が、いっきに一五〇程度に急上昇したため、あわてて麻酔を投与した、というものである。アメリカでは、実際、臓器を摘出するにあたって、ドナーに筋弛緩剤やモルヒネなどの麻薬の投与が奨励されている、と言われる[9]。

また、意識はないと診断された患者に医師が話しかけると反応がみられた、という報告もある。このような反応は、家族、とりわけ、母親が話しかける場合により顕著だ、と言う。ここで確認したい大切なことがある。それは、本人に意識があるということと、それを表現できるということは、端的に同じではない、ということである。たとえ、外から何の反応も確認できなかったとしても、それでもって、その人に意識はないとは断定できないのである。

脳と身体の統合性

先にも述べたように、脳は、確かに一人の人間において極めて重要な位置を占める。しかしだからと言って、そこから直ちに、「脳＝人間」といった理解にはならない。脳が健全に機能しなくなったらその人はもはや人間ではない、と考えるなら、それはいわば、〝唯脳主義〟と言ってもいいだろう。もし、ある人の脳の機能が著しく低下したり停止したりした場合、その人にはもはや、人間としての尊厳はないのだろうか。パーソン論などは、このような考え方の一種であるが、その背後には、優生思想があるのではないだろうか。脳の重要性は、あくまでも、統合的存在としての人間全体において見なければならないだろう。脳と身体の統合性における脳死判定の抱えている矛盾について、小松は次のように述べている。

脳死を人の死とする根拠は、身体の有機的統合性の喪失である。だが、そうであるにもかかわらず、脳死判定では意識や頭蓋内神経機能や自発呼吸（外呼吸）の有無を調べるだけで、身体の統合性に関わる脳の機能には一切触れていない。つまり、脳の視床下部からの内分泌や血圧・体温の維持などは、脳が介在して身体の統合性を生み出す典型例とされるのに、脳死判定からは除外されている。こうした矛盾がまかり通っている以上、脳死と判定されても身体の有機的統合性を維持している者が存在するのは、何ら不思議なことではなかったのだ。[10]

また、小松は、脳は身体の有機的統合性の統御者ではなく調節者である、と言う。その裏付けとして、彼は、次のようなアラン・シューモンの言葉を引用している。

脳の統合機能は健康の維持や精神活動には重要ではあっても、全体としての有機体に必須なものでもそれを創り出すものでもない。身体の統合性はどこか単一の中枢器官に局在するものではなく、すべての部分の相互作用による全体的な現象である。通常の条件下ではこの相互作用への脳の緊密な関与は重要ではあるが、それは有機的統合性の必須条件ではない。たしかに脳が機能しなければ身体の状態は非常に悪化してその能力は衰えるが、死ぬわけではない。……。要は、脳死を死とする生理学的根拠は、生理学的見地からすればまったく薄弱だということだ。[11]

より正確な問いの立て方

「脳死は人の死か?」――これは、一般的に(素朴に)人口に膾炙する問いかけである。しかし、これは、あまりにも曖昧な問い掛けである。むしろ、小松も提案するように、次のような問いかけこそ、より適切なのではないだろうか――「脳死状態(判定)を人の死の基準とすることに妥当性はあるだろうか。」

第6章 安楽死・尊厳死

安楽死・尊厳死――「安楽死」と「尊厳死」は、しばしば、このように併記される。脳死・臓器移植の時にも使われていた「・」は、何を意味するのだろうか。両者は、端的に同じものではない。しかし、何らかの関連はある。それは、いったい何なのだろうか。また両者の違いは、何なのだろうか。この問いに応えることは、おそらく、多くの人にとって簡単ではないだろう。その理由の一つは、そもそも、両者について人々の間に確かな共通理解あるいは定義がないからではないだろうか。例えば、AとBという二人が、同じ「安楽死」という言葉を使いながらも、それぞれの理解が異なっていたり、Aが理解する「安楽死」が、Bにとっては「尊厳死」であったりすることも稀ではない。

6・1 安楽死と尊厳死の区別

安楽死

「安楽死」は、euthanasia という言葉の訳語である。この言葉は、もともと、ギリシア語の「*eu*」

（よく、幸せに）と「*thanatos*」（死）からなる。それゆえ、それを直訳するなら「良い死」となる。しかし、それは、「死そのものが良い」というのではなく、本来、「人間らしい良い死（に方）」あるいは「人間としての尊厳を持った死（に方）」といった意味であった。現在ではしかし、理由は何であれ、ある人の死を目的とした行為は積極的安楽死と考えられ、避けなければならない。

尊厳死

一方、「尊厳死」は、death with dignity の訳語である。この言葉は、後ほど触れるが、カレン・アン・クインラン裁判（一九七五–七六）をきっかけとして、広く使われるようになったものである。直訳すれば、「尊厳を持った死」であろうか。しかしなぜ、with dignity が付いているのだろう。それは、death そのものには、本来尊厳がないからであろうか。

安楽死の目的と尊厳死の目的

冒頭でも述べたように、「安楽死」と「尊厳死」の区別は難しい。同時にまた、多くの人々が、さまざまな「安楽死」の区別を提唱してきた（これについては後ほど触れるが、実に煩瑣である）。またそれとの関係で、「尊厳死」が語られることも多い。両者が区別できるということは、そこには何らかの区別の根拠があるからである。それはいったい、何であろうか。ここでは、極めて大雑把ではあるが（しかし、ある意味では根本的でもある）、一つの区別の根拠を提示したい。

「安楽死」も「尊厳死」も、それぞれ人間の行為である。人間の（意志的）行為は、普通、何らかの目的がある。つまりその行為は、何を目指した行為なのかということである。換言すれば、その人はなぜ、その行為をしようとしたのか、しようとしているのか、ということである。ある行為が、倫理的にどのような意味を持っているのか、それは、その目的によって決まってくる。では、「安楽死」と「尊厳死」それぞれの目的は、いったい何なのだろうか。

安楽死の目的は、理由は何であれ、ある人（多くの場合は患者）の「死」である。一方尊厳死の目的は、ある人の「生」、つまり生きることである。換言すれば、ある人が、遠からずいずれは死を迎えるであろうが、それまでの間の生き方、またそのことの尊重が目指されているのである。このように、安楽死と尊厳死のそれぞれが向かうベクトルの方向は、まったく逆なのである。

生きる権利と死ぬ権利

「私たちに生きる権利はあるだろうか」――この問いに対して、人は、YESと応えるであろう。では、「私たちに死ぬ権利はあるだろうか」と尋ねられた時、私たちは、何と応えるだろうか。かりにYESと応えるにしても、「私たちに生きる権利はあるだろうか」という問いの時と同じような思いで、YESと応えられるだろうか。もし、言葉では上手く説明できなくても、何らかの戸惑いを感じるとするならば、それは何故なのだろうか。

私たちには、次のような二つの選択肢が与えられている。どちらが、より根本的な選択であろうか。一つは、Choosing to die（死の選択）であり、もう一つは、Choosing how to live while dying（死に向かう過程において、どのように生きるべきかという選択）である。後者の選択肢の方が、より根本的なのではないだろうか。私たちは、この世にあって、やがていつかは死ぬ。ただそれが、いつ、どこで、またどのようであるか、それが分からないのである。生きるということは、同時にまた、刻一刻と死に向かっていることでもある。その過程において、よりよく生きること、それこそが、私たちに求められていることではないだろうか。また、「殺すこと」(killing)と「死ぬにまかせること」(allowing to die)とは違う。この違いも、確認しておかなければならない。

人間の行為と人間的行為

先ほど、「人間の行為」という言葉が出てきたが、ここで、「人間の行為」と「人間的行為」の違いについて、確認しておきたい。「人間の行為」(*actus hominis*: act of a human person [*without* a moral dimension])とは、人間が行うすべての行為を意味する。しかし、「人間的行為」(*actus humanus*: act of the human person [*with* a moral dimension])は、その中でも、何らかの倫理的・道徳的意味を持った行為を意味する。例えば、歯を磨くいう行為は、人間の行為ではあるが、人間的行為ではない。しかし、何らかの危険にさらされている人を助ける行為は、単なる人間の行為ではなく、さらには人間的行為でもある。

6・2 さまざまな安楽死

間接的安楽死と直接的安楽死

考察を進めるにあたって、まず、一つの安楽死の分類を取り上げてみたい(1)。

A　生命の短縮を伴わないもの＝純粋の安楽死

B　生命の短縮を伴うもの

1　間接的安楽死（苦痛緩和装置の副作用として生命を短縮させる場合）

2　直接的安楽死（苦痛除去のために意図的に生命を終了させること）

①　消極的安楽死（延命治療の差控えによるもの＝「尊厳死」）

②　積極的安楽死（直接生命を絶つことによるもの）

間接的安楽死は、直接、病人の死を目的としてはいない。それゆえ、苦痛緩和のために薬が投与され、たとえその副作用によって死期が早まったとしても、それは許容範囲にあることになる。これは、作為的・間接的安楽死とも言われる。

直接的安楽死は、消極的安楽死と積極的安楽死に区分される。消極的安楽死は、病人の死を目的としてはいない。また無理な延命治療はせず、積極的な治療を差し控えたり（withhold）、いったん治療を始めたとしても途中で止めたりする（withdraw）。これは、不作為的・直接的安楽死とも言われる。

一方、積極的安楽死は、不治の病に苦しんでいる人の死を人為的に早めるものである。

「慈悲殺」（mercy killing）と呼ばれるものがある。これは、心情的に多くの日本人の共感を呼ぶものである(2)。これは、苦しみに苛まれている人を、その苦しみから解放してやりたいとの思いから、その人の命を絶つ行為である。しかし、この行為は、たとえ同情の念からのものであっても、明らかに死を目的とした行為である。これは、作為的・直接的安楽死とも言われる。

任意安楽死、非任意安楽死、不任意安楽死

任意安楽死、非任意安楽死、そして不任意安楽死（強制的安楽死）という、三種類に分類された安楽死もある。これは、病に苦しんでいる人の意志のあり方に基づいてなされるものである。まず任意安楽死とは、病人の意志に従った行為である。つまりこれは、病人の要求・願望に基づいて行うか、あるいは、少なくとも当人が承知し異存がないと判断された行為である。次に非任意安楽死とは、当人の意志が確認できない状況で行われる行為である。これは、当人が意志決定をしていないか、あるいはそれが不可能な場合、または、かりにしていたとしても、外部からは確認ができない場合になされる行為である。そして不任意安楽死とは、病人が、積極的に反対の意志を持っているにも関わらず、それに反して行なう行為である。

このように、安楽死の分類は、実に煩瑣である。しかし現実は、それ以上に複雑・曖昧な状況を呈しており、それゆえ、それぞれの行為についての倫理的判断も難しい。しかしいずれにしても、常に心に留めて置かなければならないことがある。それはまず、死を直接目的とした行為はしてはならない、ということである。また人命の維持・保全にあたっては、均衡のとれた手段・方法を採る、ということである。つまり病人を中心として、その人を取り巻く状況・環境をできるだけ総合的・客観的に捉え、その中で、より良い手段・方法を探しそれを実行することである。何がなんでも延命治療を

続けようとしたり、莫大な費用を掛けてまで治療を行おうとしたりすることは、賢明なことではないだろう。

素朴な疑問

ある人は、こう語る――「どのように生きどのように死ぬか、それは各自の問題であり、その人の自由に任せていい」。いわゆる、自己決定を尊重しなければならない、といった考えである。しかしここには、注意しなければならない点がある。それは、ある人の自己決定を尊重することと、それを絶対視することとは違う、ということの確認である。なぜなら、個人のレベルでも、また社会・共同体のレベルでも、ある人の自己決定がいつも正しいとは限らないからである。自己決定は、常に「共通善」(common good) との関係において考慮され、また尊重されなければならない。

長寿それ自体は、決して悪いことではないだろう。しかしまた、長ければいいというわけでもないし、何がなんでも長く生きなければならない、ということでもない。一方短命は、人間の自然的感情からして、多くの場合悲しみを伴う。しかしだからといって、その人の人生の価値・意義が低められるというわけでもない。

また、前章で触れた植物状態や脳死状態についての考察を思い起こしたい。これらの状態になると、確かに、その人の身体的機能は衰え自由も奪われるだろう。しかしだからといって、その人の人間としての尊厳や価値が失われるということではないだろう。もしそう考えるとするならば、それは、優生思想に基づいたパーソン論と何ら異なるところはないだろう。

6・3 具体的状況における賢明な判断

「通常手段」と「特別手段」

私たちは、通常、生命維持に努めなければならない。しかしそれは、無条件に遂行しなければならない、と言うことではない。換言すれば、もしその医療行為が、患者本人・家族に、身体的・精神的・経済的に加重な負担を与えるものならば、それは義務ではない。

ある治療行為が、総合的・合理的に見て、当然行われるべきものである時、それは「通常手段」(ordinary means) と呼ばれる。一方、それ以上の場合、つまり義務ではなく自由選択に任せていいと判断される時、それは「特別手段」(extraordinary means) と呼ばれる。(3)

いずれにしても、個々の具体的事例においては、それぞれに相応しい医療手段が採られるべきであろう。画一化された答えが用意されているわけではない。現実は、実に千差万別、ケース・バイ・ケースである。そのような状況において、私たちは、どのように賢明な判断をしたらいいのだろうか。ベルンハルト・ヘーリンク (Bernhard Häring 1912–1998) は、以下の諸点を提示する。(4)

1　病気の治療にも苦痛の緩和にも役立たず、ただ死の過程を延長するにすぎない手段を取る必要はない。それは死を早める意思をもって治療や看護の手段をとらないような「消極的安楽死」ではない。

2　意味のある生命延長が見込まれる限り、かつては「特別」であったが、今日では「通常」である手段になっているものは、これを用いる義務がある。患者もこれを拒否できる道徳的な権利を有しない。

3　一般的には「通常」の手段でも、具体的にはそれが非常に苦しい病状の延長に役立つにすぎない場合には（回復の見込みのない末期癌患者への外科手術など）、患者は苦痛緩和と通常の看護に限定することを求める権利がある。

4　病気の治癒や意味のある生命延長の見込みがきわめてわずかであり、その手段が通常のものであるが、非常に高価であって、家族に不相応な重荷を負わせるような場合、患者はこれを拒否する権利がある。

5　患者に意識がある限り、それ以上の治療を断念する決定は本人自身がなすべきである。人間は自らの人生を生きてきたように、自らの死を迎える権利があるから、無意味な延命に終始することは避けるべきである。

6　患者の意識が失われて回復の見込みがないとき、その人の自由の歴史が最終的に終わったとき、単に生物学的な生命を延長するにすぎない手段は不必要である。その場合には、栄養、新鮮な空気、通常の看護は必要であるが、人工栄養と人工呼吸器は用いるべきではない。そのような無意味な「死の過程の延長」を止めるという決定は、医者自身が行うべきであろう。

人間の行為に、まったく同一のものはない。つまり一つひとつの行為は、それぞれに固有なさまざまな条件を帯びているのである。それゆえ無条件に、ある行為の「正・不正」(right-wrong)や「善・悪」(good-evil)を断定することはできない。換言すれば、行為者の目的・意向、結果、またその状況などを総合的に見なければ、その行為について、よりバランスの取れた倫理的判断は下せないのである。このような考え方の背景には、伝統的に、「小悪選択の原則」(the principle of the lesser evil)、あるいは、「釣り合いの原則/均衡の原則」(the principle of proportionalism)がある。「小悪選択の原則」とは、例えば、AかBのいずれかを選択しなければならない時、本来ならいずれも避けたいのだが、どうしてもそのどちらかを選択しなければならない時、その結果の悪の程度がより少ない方を選択する、というものである。「釣り合いの原則/均衡の原則」とは、ある行為の倫理的判断をするとき、その時の周りの状況や全体との関係を鑑みて判断する、というものである。

尊厳死のための看護

尊厳死のための看護は、どのようなものであるべきだろうか。ヘーリンクは、以下のように、普通の飲食と人工栄養補給とを分けて述べる。彼は、終末期になっても成し得る限り、患者とのコミュニケーションを大切にすることを唱える。

患者に飲食を与えることとは、正にこの終末段階でのコミュニケーションの機会であり、従って特別の献身と心遣いをもってなされるべきである。患者が意識を有していても普通の方法で飲食を摂取できないなら、人工栄養補給は、患者がそれを耐え難く感じないかぎり施さなければならない。栄養補給を拒絶することは、それが人工栄養（点滴）の場合でも、もう有益でない措置の中止と同一に論じられることはできない。栄養補給の拒否はむしろコミュニケーションの断絶と言うべきである。しかし患者が最終的に無意識状態にある場合は、人工栄養補給は、もしそれがあまりにも困難になり、もはや何らの助けにもならないことが判明すれば、停止されてよい(5)。

法的観点から見た安楽死

一方安楽死について、金沢文雄は、法的観点から以下のように述べる(6)。

＊　直接的安楽死は、法的に殺人、嘱託・承諾殺人、自殺教唆・幇助などの構成要件に該当し、許されない行為である。直接的安楽死を原則的に許される行為と解することは、他人の生命の不可侵という法秩序の基本原則をゆるがすものであり、生命の守り手である医者の職業倫理と矛盾するものである。

＊　間接的安楽死は、法的には危険な治療行為の延長線上にあるものとして正当化される。当然、患者の真摯な承諾とか医者によるなどの諸要件が求められる。「最後の一服」という確実に即死を招く行為は、治療行為に含まれると考えるのは困難である。しかし、医者が鎮痛のために麻酔剤を与える場合、通常は間接的安楽死と認められる。間接的安楽死の場合、死苦緩和という治療目的によって投薬され、それに致死の危険が伴っていても苦痛緩和の必要性との間に相当な均衡が保たれている限り、倫理的に許される。

資料・カレン・アン・クインラン事件[7]

一九七五年四月一五日、アメリカのニュージャージー州でカレン・アン・クインラン（Karen Ann Quinlan 二一歳）は友人たちとのパーティーでカクテルを飲み、急に昏睡状態に陥り、病院に運ばれた。医師団の努力にもかかわらず、昏睡状態から回復することもなく、人工呼吸器を着け、チューブによる栄養補給を受け、植物状態の生命を維持していた。

・意識回復の見込みがないとみた両親は、このような悲惨な状態のまま人工的に無理に生かされるよりも、早く安らかに死なせてあげたいと願い、人工呼吸装置を取り外すことを病院に要請した。その前に、カトリック信者であった両親は神父と相談して、装置を取り外す処置がカトリック教会の教義に反しないことを確認している。しかし、病院側はその両親の願いを受け入れなかったために、裁判所に申し立てた。

・その申し立ては、州高等裁判所の判決（一九七五年一一月一〇日）により却下された。その理由は、彼女から人工呼吸器を取り外すべきか否かは、主治医が決めるべき医療上の問題である。医学的に見て彼女の生命が維持されるべきであるとすれば、裁判所は治療中断を命じることはできない。彼女の父親は、これを不服として上告した。

・これに対して州最高裁判所の判決（一九七六年三月三一日）によれば、回復の見込みのない彼女の場合、生命維持装置である呼吸器の取り外しを要求する権利が認められる。父親を後見人として任命し、彼女も確かにそう望んでいるはずだと判断するなら、彼女に代わってこの権利を行使することはゆるされるべきである。必要であれば、彼女の主治医も《ママ》換えることもでき、新しい主治医が装置の取り外しに賛成するなら、病院の倫理問題担当者の同意を得て、それを実行してもよい。それは憲法上のプライバシーの権利に基づく治療拒否権の行使であり、後見人にその権限を与える。従って、その装置を取り外すことは殺人罪にはならない。

・こうして、彼女の生命維持装置は取り外された。しかし、その後も自発呼吸で生命を維持しうる植物状態患者として生存していたが、一九八五年六月に死亡した。

資料・山内事件

山内事件（一九六一年）は、安楽死の合法性を認めた世界で初めての判例である。事件の内容は以下の通りである。父親（当時五二歳）が脳溢血で倒れ、その後遺症で長く寝たきりとなった。病状も悪化し非常に苦しんでいた。「早く死にたい。殺してくれ！」と叫ぶ父親を見て、長男（当時二四歳）は、父親への孝養心から有機リン殺虫剤を混入した牛乳を飲ませて殺した。(8)

・名古屋高裁の判決（一九六二年一二月二二日）は、これを尊属殺人罪として懲役一年、執行猶予三年を言い渡した。これは安楽死の成立を認めて無罪にしたのではなく、安楽死が合法的に是認されるための六つの要件を積極的に示したものである。

(1) 病者が現代医学の知識と技術から見て不治の病に冒され、しかもその死が目前に迫っていること。
(2) 病者の苦痛が激しく、何人《なんぴと》も真にこれを見るに忍びない程度のものであること。
(3) もっぱら病者の死苦の緩和の目的でなされること。
(4) 病者の意識がなお明瞭であって意思を表明できる場合には、本人の真摯な嘱託又は承諾のあること。
(5) 医師の手によることを本則とし、これにより得ない場合には、医師により得ない首肯するに足る特別の事情があること。
(6) その方法が倫理的にも妥当なものとして容認しうるものであること。

・この事件の場合には、(5)と(6)の要件が欠けているから違法とされ、合法的な安楽死とは認められなかった。なお、(6)の「倫理的に妥当な方法」とは何かが不明瞭である。六つの要件は、独立的ではなく、そのすべてが揃っていなければならない。不治の病であっても死期が迫っていなければ、安楽死の対象にはならない。

資料・東海大学安楽死事件

東海大学安楽死事件は、同大学の附属病院で、一九九一年四月一三日、当時の徳永仁助手が、多発性骨髄腫で入院していた患者（当時五八歳）に、家族の強い要請を受けて塩化カリウムを注射し、死亡させた事件であり、翌月発覚した。(9)

・一九九二年三月二八日に、当助手は殺人罪で起訴された。公判で被告・弁護側は「安楽死に準ずる行為で公訴権の乱用」として、公訴棄却または無罪を主張した。

・一九九五年三月二八日に、横浜地裁は懲役二年、執行猶予二年を言い渡した。なお、判決において積極的安楽死が許されるための四条件が示された。それは、死期の迫った患者の自己決定権の立場から死を選ぶ権利を司法の場で初めて認めたものとして、重要な判決である。この四条件は、先の名古屋高裁の六条件に代わるものになる。

(1) 病者が耐え難い肉体的苦痛に苦しんでいること。
(2) 患者は死が避けられず、その死期が迫っていること。
(3) 生命の短縮を承諾する患者の明示の意思表示があること。
(4) 患者の肉体的苦痛を除去、緩和するために方法を尽くし、代替手段がないこと。

徳永医師が起訴された行為は、(1)(2)(3)(4)の要件が満たされていないと判断され、殺人行為であると判断された。判決文によれば、量刑を課す理由は次のとおりである。医療現場で誤った行為がなされ、それが国民の医療不信につながってしまう恐れが挙げられている。

資料・日本における治療中止の要件

東海大学における安楽死事件をめぐって、横浜地裁判決（一九九五年三月二八日）は、以下のような治療中止の三つの要件を示した。(10)

(1) 患者が治療不可能な病気に冒され、回復の見込みもなく死が避けられない末期状態にあること。
(2) 治療を中止とする時点で、それを望む患者の意思表示が存在すること。
(3) もはや治療が無意味であると医師が医学的に判断し、自然死を迎えさせること。

第7章 ケアリング

いのちとは何か――これは、私たちにとって、最も根本的な問題の一つである。しかし、ここで問われている「いのち」は、単なる生物学的意味での「生命」ではなく、それ以上の広がりと深みをもったものとしての「いのち」である。私たちの「生命」には、その始まりもあれば終わりもある。しかし「いのち」は、そのような意味やレベルで、その終焉を迎えるわけではない。ケアリングの真意は、このことと深く関わっている。換言すれば、それは、単なる個人に還元されるものではなく、人間の根本的な状態《ありかた》にこそ基づいている。それはまた、シモーヌ・ローチが、「ケアリングは、人間の存在様式である」(Caring is the human mode of being)と語ることと重なる。

7・1 人間の存在様式としてのケアリング

人格的交わりとしてのケアリング

ケア――それは、人間と人間との全人格的な交わりである。だが、ケアをする側もされる側も、生身の人間である。すなわち、たとえ相手を労わる心を持っていても、同時にまた、さまざまな限界を抱えているのも事実である。それゆえ、完璧なケアを求めることは、できないだろう。両者の間に求められること——それは、心からの信頼であり対話である。いずれにしてもしかし、相手に全人格的に関わることなしに、ケアの実りを求めることはできない。ケアという行為を通して与えられる実り、それは、お互いがそれぞれのあり方において人間としての何らかの成長を経験する、ということである。

cureとcare

〝cure〟という言葉は、*cura*（ラテン語：心配、配慮、思い煩い）という言葉に由来する。その意味は、今日の〝care〟に相当する。一方〝care〟は、ラテン語の*cura*とは関係なく、「悲しみ、心配、煩わしさ」を意味する。医学用語としては、難病、不治の疾患、末期患者などの身心の苦痛をできるだけ軽減または緩和することを意味する。

今日、「緩和ケア」（palliative care）が提唱されているが、それは、緩和ケア病棟やホスピスにおいて、新しい医療と看護の形として実施されている。そこにおいて、ケアは、ただ単に身体的苦しみだけでなく、患者や家族の心や魂を支えることによって、死の不安を解消させるような療法ともなっている。

善いサマリア人

聖書の中には、このようなケアについて端的に語っている物語がある。それは、『ルカによる福音書』一五章において語られる、有名な「善いサマリア人」(Good Samaritan) のたとえ話である。

すると、ある律法の専門家が立ち上がり、イエスを試そうとして言った。「先生、何をしたら、永遠の命を受け継ぐことができるでしょうか。」イエスが、「律法には何と書いてあるか。あなたはそれをどう読んでいるか」と言われると、彼は答えた。「『心を尽くし、精神を尽くし、力を尽くし、思いを尽くして、あなたの神である主を愛しなさい、また、隣人を自分のように愛しなさい①』とあります。」イエスは言われた。「正しい答えだ。それを実行しなさい。そうすれば命が得られる。」しかし、彼は自分を正当化しようとして、「では、わたしの隣人とはだれですか」と言った。イエスはお答えになった。「ある人がエルサレムからエリコへ下って行く途中、追いはぎに襲われた。追いはぎはその人の服をはぎ取り、殴りつけ、半殺しにしたまま立ち去った。ある祭司②がたまたまその道を下って来たが、その人を見ると、道の向こう側を通って行った。同じように、レビ人②もその場所にやって来たが、その人を見ると、道の向こう側を通って行った。ところが、旅をしていたあるサマリア人③は、そばに来ると、その人を見て憐れに思い④、近寄って傷に油とぶどう酒を注ぎ⑤、包帯をして、自分のろばに乗せ、宿屋に連れて行って介抱した。そして、翌日になると、デナリオン銀貨二枚⑥を取り出し、宿屋の主人に渡して言った。『この人を介抱してください。費用がもっとかかったら、帰りがけに払います。』さて、あなたはこの三人の中で、だれが追いはぎに襲われた人の隣人になったと思うか。」律法の専門家は言った。「その人を助けた人です。」そこで、イエスは言われた。「行って、あなたも同じようにしなさい。」（ルカ10：25−37。ただし傍線および波線は引用者による）

傍線部①は、神への愛について語る旧約聖書の申命記六章五節と、隣人愛について語るレビ記一九章一八節が、一つにまとめられたものである。傍線部②の祭司とレビ人（神殿での祭司の補助者）は、自分たちを「律法を守る人」の模範として自負していた人々である。しかしそんな彼らは、追いはぎに襲われた半死半生の人を見ながらも、見て見ぬ振りをして立ち去ってしまう。

その後に現れたのが、傍線部③のサマリア人である。サマリア人は、当時、ユダヤ人とは敵対関係にあった人々である。そのサマリア人が、その半死半生の人を「見て憐れに思い、近寄って」手厚く看病したのである。ちなみに、倒れていた人も、祭司もレビ人も、ユダヤ人である。

面白いことに、この物語は、話が進むうちにテーマがシフトしている。つまり、「誰が自分の隣人であるか」といった問いかけから始まったが、物語の最後では、いかに「自分が誰かの隣人となるか」といった問いかけに変わっているのである。

傍線部④の「憐れに思う」（スプランクニゾマイ）という言葉は、「はらわた」（スプランクノン）という言葉に由来する。その意味は、「はらわたがよじれる」（くらいに悲しみ苦しむ）ということである（日本語の「断腸の思い」に近いか）。新約聖書において、この言葉は、単なる感情のレベルでの同情や憐れみを越えた、もっと深いレベルでの人間の愛《かな》しみに触れるものである(1)。

傍線部⑤に記される治療方法は、当時の治療方法であるが、オリーブ油は、喜びや力を表すとも考えられている。また、傍線部⑥のデナリオンとは、ローマの銀貨であるが、一デナリオンは、当時の日雇い労働者の一日分の賃金にあたる。

人間の存在様式としてのケアリング

人間のいのちへのケアこそが、人間に生きる意味を感得させるものである。「ケアリングは、人間の存在様式である」――とシモーヌ・ローチが語るとき、それは、人間の本質を端的に表している。

人間の存在様式としてのケアリングは、人間として存在することの隠れた意味（mystery）を、明確にそして時には絶妙な仕方で表現する。私たちがケアをするということが、時として、私たちが自分自身や神や他者との関係においで何者であり、またそこでいかに存在しているかについて、深く何事かを教えてくれる。人間であることの意味について、人間的全体性（健康）について、そして痛みと苦しみと死を経験するという人間としての条件について幾ばくかの考察を与えるならば、ケアリングがそこに位置づけられその中で理解されるであろう世界を、より一層広げていくことができるだろう。私は、哲学的および神学的人間学を背景として、それを試みてみようと思う[2]。

関係性としてのケアリング

ケアリングの本質は、自分が出会ういのちに寄り添い、それによって、互いのいのちに仕え合うことにある。このように、ケアリングは、関係性をその本質とする。すなわち、ケアリングにおいては、ケアする主体とケアされる客体が、常に対になっているのである。ケアの対象は、自分自身の場合もあれば、それ以外の場合もある。またその対象は、物の場合もあれば、人間の場合もある。いずれにしても、ケアリングをとおして、ケアする者は人間として成長する。また特に、その対象が人間である場合、ケアする者もケアされる者もともに成長する[3]。

関係性はまた、一つの超越でもある。換言すれば、それは、次のような三種類が考えられる。すなわちそれらは、自己自身に対する関係性、他者に対する関係性、そして〝いのちそのもの〟に対する関係性である。

ケアリングを構成するもの――5つのC

シモーヌ・ローチは、ケアリングの構成要素として、次のような〝五つのC〟を提示する。すなわち、(1) 思いやり (compassion)、(2) 能力 (competence)、(3) 信頼 (confidence)、(4) 良心 (conscience)、そして、(5) コミットメント (commitment) である[4]。

思いやりとは、「すべての命あるものに対する私たちの関係を意識すること (awareness) から生まれる生き方」である。それは、自らの力や努力によって獲得されるものではなく、むしろ、一種の恵みとして与えられるものである。能力は、「職業者としての責任を適切に果たすために必要とされる知識、判断能力、技能、エネルギー、経験および動機づけを有している状態」とされる。信頼とは、「真に頼ることのできる関係 (trusting relationship) を生み出していくような質」にほかならない。良心は、「道徳的意識（moral awareness）を持つ状態」とされるが、換言すれば、「ケアの呼び声であり、ケアとして自らを表すのである」（ハイデガー）。コミットメントは、「欲求と責任との収斂によって、またそれらに従って熟考した上での行為の選択によって特徴づけられる複合的な感情的応答」と考えられる。

ローチは、これら〝五つのC〟を以下のようにまとめる。

しばしば、専門職者の結ぶ関係は、経験の相互浸透、クライアントの世界の共有を伴う（思いやり）。その関係は常に、適正な一定のレベルの知識と技術を必要とする（能力）。その関係は、信頼と忠誠にもとづく関係を基盤としている（信頼）。その関係は道徳と倫理に対する鋭敏な意識を前提としており、それらを育むものである（良心）。そして最後に、その関係が本当に専門職者としてのそれであるならば、確固たる目的と他者の欲求への専心によって特徴づけられるものである（コミットメント）[5]。

7・2 ケアリングと愛

ケアリングは、愛の体現にほかならない。それゆえ、モートン・ケルゼイ（Morton Kelsey）が次のように語るとき、それは正しい。「人生に対する最大の裏切りは、人が愛する機会を与えられた時に、それをしそこなうことであろう[6]」。

ケアリングと愛との密接な関係について、例えば、聖書は次のような物語を語る。この箇所は、律法の専門家が、イエスに、「最も重要な掟は何か」と尋ねる場面である。

ファリサイ派の人々は、イエスがサドカイ派の人々を言い込められたと聞いて、一緒に集まった。そのうちの一人、律法の専門家が、イエスを試そうとして尋ねた。「先生、律法の中で、どの掟が最も重要でしょうか。」イエスは言われた。「『心を尽くし、精神を尽くし、思いを尽くして、あなたの神である主を愛しなさい。』これが最も重要な第一の掟である。第二も、これと同じように重要である。『隣人を自分のように愛しなさい。』律法全体と預言者は、この二つの掟に基づいている。」（マタイ22：34－40）

「律法の中で何が最も重要か」――この問いに対して、イエスは、申命記六章五節の言葉を引用してこう応える――「心を尽くし、精神を尽くし、思いを尽くして、あなたの神である主を愛しなさい」。その意味するところは、自らの中には何も留保せず、全幅の信頼をもって神を愛することにほかならない（神に対するケア）。「どの掟が最も重要か」と問われたのだから、イエスは、そこで答えを終えていても何ら問題はなかっただろう。しかし彼は、更にレビ記一九章一八節の言葉を続ける――「隣人を自分のように愛しなさい」（隣人に対するケア）。神を愛することと隣人を愛すること、それらは、端的に同じことではない。しかし両者は、分かち難く結びついている。すなわち、（ある意味では抽象的な）神を愛するということは、この世にあっては、（たいていの場合）具体的な隣人を愛することにおいてこそ実現するのである。

ケアリングの根源は、神にある。すなわち、神の愛を体験してはじめて、真の意味で、その体現としての隣人愛が生れるのである。[7] そのことは、次の物語において詳しく見ることができる。それは、あるやもめの一人息子が亡くなり、その野辺送りが行われていた時、たまたまイエスがそれに出会う場面である。

> それから間もなく、イエスはナインという町に行かれた。弟子たちや大勢の群衆も一緒であった。イエスが町の門に近づかれると、ちょうど、ある母親の一人息子が死んで、棺が担ぎ出されるところだった。その母親はやもめであって、町の人が大勢そばに付き添っていた。主はこの母親を見て、憐れに思い、「もう泣かなくともよい」と言われた。そして、近づいて棺に手を触れられると、担いでいる人たちは立ち止まった。イエスは、「若者よ、あなたに言う。起きなさい」と言われた。すると、死人は起き上がってものを言い始めた。イエスは息子をその母親にお返しになった。人々は皆恐れを抱き、神を賛美して、「大預言者が我々の間に現れた」と言い、また、「神はその民を心にかけてくださった」と言った。イエスについてのこの話は、ユダヤの全土と周りの地方一帯に広まった。（ルカ7：11–17）

やもめとは、何らかの理由で夫を亡くした女性。当時の社会において、やもめは、社会の周辺に追いやられた極めて弱い立場の人物であった。そのようなやもめにとって、一人息子は、唯一の生きがいといってもよかった。その息子が、自分よりも先に亡くなったのである。ただ泣くことしかできなかった彼女に、イエスは近づき言葉をかける――「もう泣かなくともよい」。そして、彼が棺に手を触れると、棺を担いでいた人々は立ち止まる。一人の人間が死に向かう――その流れをイエスは止める。さらに彼は、(死んでいるはずの)その息子に声をかける――「若者よ。……起きなさい」。それは、再びいのちに立ち帰りなさい、という意味にほかならない。

イエスは、この母親を見て、憐れに思われた。先ほども言及したが、「憐れに思う」(スプランクニゾマイ)という言葉は、聖書において、極めてユニークな言葉の一つである。人間が主語となって使われることは、一度もない。神は、決して人間の苦しみを放ってはおけない方。真の優しさは、苦しみや悲しみを共に経験する愛《かな》しみから生まれてくる――人間に対する、神のケアリング。

ケアリングの本質は、その最も深い意味において、〃いのちそのもの〃との関係にある。それに基づいて、初めて、個々の具体的なケアリングは生まれる。しかしそのあり方は、人間のその時々のあり方によって異なってくる。いずれにしてもしかし、まず確認したいのは、いのちは、ただそれがあるということだけにも意義がある、ということである。それがどのようにあるかということは、その後の問題である。それゆえ、ケアリングにおいてまず求められること――それは、それぞれのいのちに対する関心、尊敬、そして感謝にほかならない。

ケアリングは、確かに、人間にとって付帯的な状態《ありかた》ではない。むしろ、人間の本質そのものに深く刻み込まれているもの、と言ってもいいだろう。誰かが何らかの悲しみ・苦しみの中にあるとき、それを放ってはおけない憐れみの心・共感の心こそ、ケアリングの本質ではないだろうか。孟子の言葉を借りるなら、〝惻隠の心〟にほかならない。このような心が人間の内奥から自ら沸きあがってくるのはなぜか。その根拠を尋ね求める一つの縁《よすが》として、ここでは、キリスト教に基づいて考えてきた。しかしこの方法論は、決して排他的なものではなく、すべての人に開かれたものであるし、またそうでなければならないだろう。なぜなら、ケアリングにおいて常に中心となるのは、人間そのものであるからである。

第8章 ホスピス・緩和ケア

ホスピスとは何か。ある人は言う――「積極的に生を見つめる思想であり哲学である」。また別のある人は言う――「おもに末期の患者をケアする場所またはプログラムである」。その他にも、さまざまな説明や定義はあるかもしれない。しかし確認しておきたいことは、ホスピスとは、患者が何のケアもされずにただ死を迎える場所ではない、という点である。また、次のように考えてもいいかもしれない。それは、もはや治療の見込みがない末期患者に、無意味な延命治療を施すのではなく、むしろ、限られた残りの生を少しでも有意義なものにしてあげたい、という思いやりの心であり、またその形である。いずれにしても、ホスピスは、たとえ回復の見込みが望めなくても、その患者を、最後まで尊厳のある一人の人格的存在として扱い、その人のいのちを支える営みである。決して、死を目的としたものではない。

8・1　ホスピスという概念の由来

ホスピスという言葉

「ホスピス」（hospice）は、ラテン語の *hospitium*（歓待）、*hospes*（客）、*hospitem*（宿屋）などと同語根の言葉であり、英語の hospital（病院）や hotel（ホテル）、また hospitality（手厚いもてなし）などにも通じる言葉である。このようなホスピスの原点は、hospitality にある――これはまさに、ホスピスの生きた哲学を表すものにほかならない。

柏木哲夫は、hospice という言葉を、七つのキー・ワードとして次のように紹介する。(1)

親切なおもてなし　**H**ospitality
チームアプローチ　**O**rganized Care
症状のコントロール　**S**ymptom Control
精神的な支え　**P**sychological Support
個別性の尊重　**I**ndividualized Care
コミュニケーション　**C**ommunication
教育　**E**ducation

ホスピスにおける重要点

柏木は、ホスピスにおいてポイントとなる点を、以下のように記している。その際彼は、自らが英米両国のホスピスで学んだ点を踏まえている。(2)

(1) ペインコントロールを第一とすること。
(2) チームによる患者と家族の一体支援。
(3) キリスト教信仰に裏打ちされたケアリング・スピリットによる全人的なケア。
(4) 共通のゴールは、その人らしい人生を最後まで支えること。
(5) 「在宅ケア」が基本で、ホスピス施設は「在宅」のバックアップセンターとしての役割を果たすこと。
(6) ホスピスチームの要となるべきキーパーソンは看護師。
(7) 看護師は、それに耐えうる医学知識、判断力およびキャリアを備えること。
(8) ボランティアの大きな力。

8・2 ホスピスの歴史と現在

ホスピスの歴史

ホスピスの原点には、キリスト教的人間観がある。[3] それによれば、すべての人間は、一人ひとりが神の子であって、お互いは兄弟姉妹である。それゆえ、困ったときに助け合うことは、極めて当たり前のことである。このことは、ホスピスの歴史を見れば、明らかである。

古代キリスト教時代、ヒエロニムス（三四〇頃–四二〇頃）の弟子の一人であったファビオラ（?–三九九）は病院を建てて病人の世話をし（三八〇頃）、その後修道士たちは、巡礼者のために休憩の家を用意した。五四二年、フランスのリヨンに設立された「オテル・デュー」（神の宿）である。そこでは、巡礼者や貧しい人々の世話がなされた。これが、ホスピスの原型である。

このような慣習は、中世以降も続けられた。修道院は、巡礼者に宿を提供したり、病人や怪我人などを迎え入れ看病したりした。一一世紀初期、アマルフィの商人が、エルサレムの洗礼者ヨハネ修道院の後に、病院を兼ねた巡礼者のための宿泊所を設立した。これが一二世紀になると、聖ヨハネ騎士団（ホスピタル騎士団）となり、病人や疲れた巡礼者の世話をすることとなった。

宗教改革後、一時期ホスピス運動は衰退する。しかしその後、一七世紀になると、ビンセンチオ・ア・パウロ（一五八一–一六六〇）が、奴隷・囚人のためのホスピスを建てた。また、彼がルイーズ・ド・マリヤックとともに創設した愛徳修道女会は、孤児や病人などの世話をした。同修道会のメアリ・エイケンヘッド（一七八七―一八五八）は、アイルランドのダブリンに不治の病人のための保養所を造った。現在もそれは、「聖母ホスピス」として存続している。

近世になって、顕著な働きをしたのが、このエイケンヘッドである。彼女は、近世ホスピスの母と呼ばれ、一八一五年に「アイルランド愛徳姉妹会」（Irish Sister of Charity）を創設し、死に逝く人々のためにホーム（＝ホスピス）を設立した。その後、彼女の遺志を継いで、ダブリンに「聖母ホスピス」が造られた。さらに一八八四年、オーストラリアに聖心ホスピスが、一九〇五年には、ロンドンにセント・ジョゼフ・ホスピスが設立された。

現代になると、一九六七年、シシリー・ソンダース（一九一八―二〇〇五）は、ロンドン郊外に聖クリストファー・ホスピスを設立した。これが、緩和ケアを基本とした現代ホスピスの原点となった。ソンダースは、ホスピスに関して、四つのポイントを指摘する。[4]

(1) ホスピスが対象とする患者は、治癒をめざした医療ではなく、安楽をもたらすケアを必要としている。
(2) 安楽をもたらすケアは、症状緩和、特に痛みの緩和が中心になる。
(3) 患者と家族の社会的・心理的なニーズに応じた、個別的ケアを行なう。
(4) ケアは、学際的なケアチームによってなされること。

一九七四年、アメリカ初のホスピスが、コネチカット州のニューヘブンで設立された。これは、いわゆる在宅ホスピスであり、それ以前からあったホームケアサービスをベースとしていた。翌一九七五年、カナダのモントリオールにあるロイヤル・ビクトリア病院に、「緩和ケア病棟」（Palliative Care Unit: PCU）が造られた。一九七七年には、「全米ホスピス協会」（National Hospice Organization: NHO）が設立され、ホスピスケアの哲学や実際のケアの基準（ホスピスケア・プログラム）が検討整理され、ホスピスの情宣が行われるようになった。

日本においては、一九七三年、淀川キリスト教病院のホスピスケアのチームが、最初のホスピス・プログラムを始めた。柏木哲夫を中心として、一九七三年から、実質的なホスピスケアが始められた。その後同病院において、ホスピスが開設された。ホスピスの形態については後ほど触れるが、院内病棟型のホスピスである。一九八一年、聖隷三方原病院で、長谷川保によって、末期癌患者などのためのホスピス（緩和病棟）が開設された。これは、日本で最初の院内独立型のホスピスである。完全独立型ホスピスは、一九九三年に創設されたピースハウス病院（現在の日野原記念ピースハウス病院）である。最初の国立ホスピスは、一九八七年に設立された国立療養所松戸病院（現在は国立がん研究センター東病院）である。

ホスピスの形態

ホスピスには、次のような様々な形態がある。(5)

(1)　院外独立型（完全独立型）：一般の病院とは独立して、終末期医療・緩和治療を行う。緩和医療以外の積極的な治療は行わない。
(2) 院内独立型：一般病院の敷地内にはあるが、一般病棟とは独立したホスピスとしての建物を持つもの。
(3) 院内病棟型：一般病院の病棟の一部をホスピスとして利用するもの。
(4) チーム型：独立した建物も病棟も持たず、病院内でホスピスチームを編成するもの。
(5) 在宅ホスピス型（ホームケア型）：入院施設を持たないで、自宅療養の患者にホスピスケアを提供する。
(6) このほかに、多機能小規模ホスピスもある。これは、有床診療所が、院内ケア・在宅ケア・通所ケアを行うもの。

ホスピス・緩和ケア病棟におけるケアプログラム

一九九七年、全国ホスピス・緩和ケア病棟連絡協議会は、ホスピス・緩和ケア病棟におけるケアプログラムの基準を作成した。

(1) 人が生きることを尊重し、誰にも例外なく訪れる「死への過程」に敬意を払う。
(2) 死を早めることも遅らせることもしない。
(3) 痛みやその他の不快な身体症状を緩和する。
(4) 精神的・社会的な援助を行い、患者に死が訪れるまで、生きていることの意味を見出せるようなケア（霊的ケア）を行なう。

(5)　患者の療養中から死後に至るまで、家族を支える。

ホスピス指導者に求められる一二の条件

柏木は、ソンダースから、ホスピス指導者に求められる条件として、以下のような一二点を伝授されたと言う(6)。

(1)　自分の専門分野を持っており、その分野で成功している成熟した人物であること。
(2)　ホスピス内外で働く、多くの異なった背景を持つ専門職からなるチームをリードできること。
(3)　腫瘍学を必須として、医学全般について広い知識を持っていること。
(4)　日進月歩のターミナルケアに関する知識を学んでいること。
(5)　しっかりとした信仰もしくは死生観、すなわち人生観を持っていること。
(6)　他のスタッフメンバーをサポートするとともに、他の人たちから自分もサポートを受ける用意があること。
(7)　ユーモアのセンスを備え、バランスの取れた性格であること。
(8)　患者と家族を一つの単位としてケアできること。
(9)　自分自身で患者の入院時に診察をしてカルテを書き、夜の当直や週末担当医としての義務を果たすこと。

(10) ターミナルケアをしたいという希望を持ちつつ、その他のいろいろなことについても融通性があること。

(11) 経営や管理について独自の見識や考え方を持ち、講演会などで人をひきつける話をする能力を持っていること。

(12) 研究や教育に関心を持っていること。

全人的苦痛の緩和

人間は、さまざまな側面を持っている。それゆえ、人間が経験する苦痛も多面的である。一般的に、次のような四つの苦痛が指摘される。(1) 身体的苦痛（physical pain）、(2) 精神的苦痛（mental pain：不安、恐れ、うつなど）、(3) 社会的苦痛（social pain：経済的問題、家庭の問題、仕事の問題など）、そして、(4) 霊的苦痛（spiritual pain：死への恐怖、生きる意味への問いなど）である。これらの苦痛は、それぞれ影響し合っているため、どれか一つの解決だけでは十分でない。そこで求められるのが、全人的苦痛（total pain）の緩和である。

死について

死は確かに、自然的悪（physical evil）ではあろう。しかしそれは、キリスト教においては、いのちそのものの究極的な終焉ではない。換言すれば、死は、いのちそのものへの通過点であり、その先にいのちの意義そのものを見る。事実、死を思うことによって、今与えられているいのちをより深く理解・受容できるのである。これが、古来より受け継がれている「メメント・モリ」（*memento mori*: remember [you will] die）の思想である。

課題

なぜホスピスは、わが国においていまだ十分に広がらないのだろうか。[7] ここでは、以下のような三つの点を指摘したい。もちろん、その他にも、さまざま原因・理由はあるだろう。それらは、文化的・宗教的背景に関連したものである。

(1) 医療者中心の医療が根強く残っている（パターナリズム）。
(2) 死を人生の敗北と見る死生観。
(3) ホスピスは、「死にゆく場所」である、といった誤解。

8・3 健康とは何か

健康という言葉

そもそも、健康とは何か。人間のどういった状態を、健康と呼ぶのであろうか。英語の health という言葉は、もともと、「全体・完全」（whole）、「癒す」（heal）、また「神聖な」（holy）などの言葉と同語根のギリシア語 *holos* に由来する。また、ラテン語の *salus*（健康）という言葉は、ただ単に身心の健康だけでなく、霊的健康の意味での「救い」（salvation）にも通じている。これらのことを踏まえて、改めて、健康とは何かについて考えてみたい。そこから導き出されるのは、次のようなことである。健康とは、ただ単に身体と精神の健康だけを意味するのではなく、本来、知・情・意を含めた人間の生命の調和ある状態や霊的救済までも含んでいる、と考えられるであろう。[8]

世界保健機関の定義

世界保健機関（World Health Organization: WHO）は、健康について、その「保健憲章」（一九四六年採択、一九四八年公布）において、以下のように定義している。

Health is a state of complete physical, mental and social well-being.

健康とは、身体的、心的、社会的という三つの領域でのまったき良好状態のことである。[9]

ここにおいて、健康は、三つの側面から捉えられている。すなわち、(1)「身体的健康」（physical well-being）、(2)「精神的健康」（mental well-being）、そして、(3)「社会的健康」（social well-being）である。(2)における〝mental〟は、しかし、何を意味するのであろうか。もしそれが、理性的な「知」、心理的な「情」、そして精神的な「意」を含むとすれば、それらの知・情・意が良好な状態にある人、その人こそが、精神的に健康な人と言えるだろう。

この定義については、その後、第一〇一回ＷＨＯ執行理事会において、改正案が提案された。それは、以下に記すような文言である。

Health is a dynamic state of complete physical, mental, spiritual and social well-being.
健康とは、身体的、心的、スピリチュアル、社会的という四つの領域での動的なまったき良好状態のことである。

この改正案において、下線部ないし傍線部で記したような二つの言葉が加えられている。特に注目すべき点は、spiritual（霊的）という言葉が挿入されたことである。一方、dynamicという言葉は、ほとんど問題とされなかった、と言われる。いずれにしても、しかし、健康の定義の改定は時期尚早と判断され、事務局長預かりとなった。

ちなみに、ＷＨＯは、「霊的」という言葉を以下のように定義している。

「霊的」とは、人間として生きることに関連した経験的一側面であり、身体感覚的な現象を超越して得た体験を表す言葉である。多くの人々にとって「生きていること」がもつ霊的な側面には宗教的な因子が含まれているが、「霊的」は「宗教的」と同じ意味ではない。霊的な因子は身体的、心理的、社会的因子を包含した人間の「生」の全体像を構成する一因子とみることができ、生きている意味や目的についての関心や懸念とかかわっていることが多い。とくに人生の終末に近づいた人にとっては、自ら許すこと、他の人々との和解、価値の確認などと関連していることが多い。[10]

いずれにしても、しかし、ＷＨＯでの討議から考えられることがいくつかある。[11]

(1) 物質と身体性しか考慮しない近代医学の偏狭さを指摘し、伝統療法・代替医学の持つ全人的医療への顧慮が必要である。(2) スピリチュアリティは、人間の尊厳の確保や生活の質を考えるために必要な、本質的なものである。そして、(3) スピリチュアリティは、生きる意味や生きがいを表す言葉である。

しかし、その一方でいくつかの問題点もある。

(1) スピリチュアリティの多義性。(2) 問題はスピリチュアリティの意味であるが、コンセンサスはない。(3) ただ、スピリチュアリティは、religion（宗教）、religiosity（宗教心）、religiousness（宗教性）などといった言葉と同義のものとして用いられる傾向がある。[12]

資料・ＷＨＯ（世界保健機関）の緩和ケアの定義（二〇〇二年）[13]

緩和ケアとは、生命を脅かす病に関連する問題に直面している患者とその家族のＱＯＬ〔quality of life：人生と生活の質〕を、痛みやその他の身体的・心理社会的・スピリチュアルな問題を早期に見出し的確に評価を行い対応することで、苦痛を予防し和らげることを通して向上させるアプローチである。

(1) 痛みやその他のつらい症状を和らげる。
(2) 生命を肯定し、死にゆくことを自然な過程と捉える。

(3) 死を早めようとしたり遅らせようとしたりするものではない。
(4) 心理的およびスピリチュアルなケアを含む。
(5) 患者が最期までできる限り能動的に生きられるように支援する体制を提供する。
(6) 患者の病の間も死別後も、家族が対処していけるように支援する体制を提供する。
(7) 患者と家族のニーズに応えるためにチームアプローチを活用し、必要に応じて死別後のカウンセリングも行う。
(8) QOLを高める、さらに、病の経過にも良い影響を及ぼす可能性がある。
(9) 病の早い時期から化学療法や放射線療法などの生存期間の延長を意図して行われる治療と組み合わせて適応でき、つらい合併症をよりよく理解し対処するための精査も含む。

資料・ホスピス緩和ケアの基本方針(日本ホスピス緩和ケア協会)

(1) 痛みやその他の苦痛となる症状を緩和する。
(2) 生命を尊重し、死を自然なことと認める。
(3) 無理な延命や意図的に死を招くことをしない。
(4) 最期まで患者がその人らしく生きてゆけるように支える。
(5) 患者が療養しているときから死別した後にいたるまで、家族が様々な困難に対処できるように支える。
(6) 病気の早い段階から適用し、積極的な治療に伴って生ずる苦痛にも対処する。
(7) 患者と家族のQOLを高めて、病状に良い影響を与える。

第9章　死刑・死刑制度

二〇一八年七月六日、オウム真理教の元代表・麻原彰晃はじめ七人が、また二六日には、元幹部六人の計一三人が、死刑執行された。「国民の多数が、やむを得ないと考えている」――と、山下貴司法相（当時）は、死刑執行を肯定した。しかしそれによって、問題の根本的解決の道は閉ざされてしまった。同時にまた、これだけのことが起こったにも関わらず、国民の間には、死刑制度に対する議論が高まらなかった。

なぜこのような現実が、現在の日本社会において続いているのだろうか。その原因は、いったい何だろうか。そのことについて、以下、四つの観点から考察を進めたい。まず、死刑・死刑制度に対する日本社会の現実を概観する。次に、その社会において、死刑制度が実際どのように行われているのか、そのことについて検証する。第三に、人を裁こうとする人間の現実そのものについて考察する。そして最後に、人間の裁きと神の赦しについて吟味したい。

9・1　日本社会の現実

実態についての無知あるいは無関心

この国においては、(データの取り方にもよるが) 約八割強もの人が、死刑制度の存置を望んでいる、と言われる。しかし、いったいどのくらいの人が、死刑制度の実態を知っているのだろうか。実は多くの人は、そのことについて知らない――それが、現実である。この無知、あるいは無関心をどのように捉えたらいいのだろうか。問題は、このように現実を知らないにも関わらず、ただ何となくといった感覚で、この問題をぼんやりと眺めていることにある。この感覚は、ある意味で、極めて日本的と言ってもいいかもしれない。

死刑制度を巡っては、しかし、さまざまな疑問が指摘される。例えば、死刑判決はどのようなプロセスを経てなされるのか。死刑執行は、実際、どのようにして行われるのか。死刑執行数はどのように推移しているのか。被害者遺族の感情はどのようなものなのか。このように、実にさまざまな疑問が浮かんでくる。

世界の現実

現在、全世界の約三分の二の国々は、死刑廃止、またはその執行を停止している。しかも、その数は増えている。その一方で、いわゆる先進国と言われる国々の中で、死刑制度を存置している国は、米国（州によっては廃止）と日本だけである。この現実をどのように見たらいいのだろうか。

9・2 日本における死刑制度

死刑・死刑制度に関する諸問題

ここでは、以下のような諸問題について、簡潔に触れたい。(1) 世論に基づく死刑制度の存置、(2) 論理的矛盾、(3) 犯罪抑止論、(4) 死刑の秘密主義、(5) 死刑の恣意性、(6) 被害者遺族の感情の多様性、(7) 死刑囚の人権、そして、(8) 刑務官の苦悩である。

(1) 世論に基づく死刑制度の存置

なぜ、死刑制度を存置しているのか——それは、国民の多くがそれを支持しているからである。これが、政府の見解である。しかしこれは一つの詭弁、と言えるだろう。国民の意見にほとんど耳を傾けず、国会を軽視し、立憲主義をないがしろにしているのは、少なくとも、ここ約一〇年間にわたる政府のあり方である。同時にまた、先ほども指摘したように、国民の無知・無関心に基づいたデータを根拠として、死刑存置の正統性を唱えるのは、あまりにも賢明さに欠けていることの証左にほかならない。

(2) 論理的矛盾

例えば、一人の子供が、誰かに殺される。テレビをはじめ、さまざまなメディアは、まず、平常心を失った親の泣き叫ぶ姿を映し出す。そして、親の叫び声を伝える――「犯人を見つけてくださ い!」さらに、こう続く――「見つけたら、極刑にしてください!」極刑とは、すなわち死刑。たいていの人は、その苦しみを推し量り、同情するだろう。しかし、そこで叫ばれている中身は、「もう一人、殺してください」ということ。しかもそれを、国家の名の下で殺してほしい、という要求である。換言すれば、殺人は決して赦せないと叫びながら、その一方で、国家の名のもとでの殺人を肯定し、その合法化を求めているのである。

(3) 犯罪抑止論

「死刑制度がなければ、犯罪は増える」――と、ある人々はいう。いわゆる、抑止論である。素朴に考えれば、分からないわけではない。しかし、あまりにもナイーブな理解である。一口に抑止論と言っても、その中には、威嚇説、応報説、社会防衛説などの諸説がある。はたして死刑制度に犯罪抑止力はあるのか、それについては、特に米国を中心としてさまざまな研究がなされているが、現在のところ、科学的な立証はなされていない。(1)

(4) 死刑の秘密主義

秘密主義——これは、日本の死刑・死刑制度が抱える大きな問題の一つである。死刑囚は、まず、外部との接触を閉ざされている。さらに本人でさえ、いつ死刑の執行がなされるのか、その日時については、何ら知らされない。毎朝、自分の部屋の前を刑務官が歩く。もしその足音が、自分の部屋の前で止まったなら、その日が、自分の死刑執行の日となる。毎日このような不安と恐れに苛まれる。これは、単なる人権無視を超えて、人間としての尊厳の否定にほかならないだろう。

在任期間	法相	人数
2006年9月～07年8月	長勢甚遠	10
07年8月～08年8月	鳩山邦夫	13
08年8月～08年9月	保岡興治	3
08年9月～09年9月	森　英介	9
09年9月～10年9月	千葉景子	2
10年9月～10年11月	柳田　稔	0
10年11月～11年1月	仙石由人	0
11年1月～11年9月	江田五月	0
11年9月～12年1月	平岡秀夫	0
12年1月～12年6月	小川敏夫	3
12年6月～12年10月	滝　実	4
12年10月	田中慶秋	0
12年10月～12年12月	滝　実	0
12年12月～14年9月	谷垣禎一	11
14年9月～14年10月	松島みどり	0
14年10月～15年10月	上川陽子	1
15年10月～16年8月	岩城光英	4
16年8月～17年8月	金田勝年	3
17年8月～18年10月	上川陽子	15
18年10月～	山下貴司	2

表1　歴代法務大臣の再任期間と死刑執行数

(5) 死刑の恣意性

死刑執行の言い渡しは、裁判官によって行われる。しかし、死刑執行そのものは、刑事行政の一端であるため、執行責任は法務大臣にある。また死刑執行は、大臣の自由裁量に委ねられているが、その「決定」の判断基準は、明らかにされてはいない。換言すれば、死刑の判決・執行は、恣意的に行われる可能性がある、ということである。このことは、表1において確認できるように、誰が法務大臣であるかによって決まる、と言ってもいい。[2]

(6) 被害者遺族の感情の多様性

被害者遺族の感情を考える——それは、当然のことである。しかし、メディアの伝え方がはたして公正なものであるのか、そのことについては注意しなければならない。実際、すべての被害者遺族が、加害者の死を望んでいるわけではないのである。「被告人を死刑にせよ」——私たちが耳にするのは、この声である。しかし実際は、（当然複雑な思いを抱きながらも）「被告人を死刑にしないでほしい」という声もある。メディアは、はたして、このことをどれほど正確に伝えているのだろうか。いのちに関わる問題は、ただ単に感情に訴えてはならない。そこには論理、すなわち客観性が必要である。殺人事件における被害者と加害者の関係は、実は、赤の他人であるよりも、むしろ親族関係の方が多い。その事実を、いったい、どのくらいの人が知っているだろうか。

(7) 死刑囚の人権

人権は、いかなる人にもある。たとえ何らかの罪を犯した人であっても、それはある。残念ながらしかし、この国では、そのことを顧みる懐の深さが見られない。それゆえ死刑執行は、「法の支配」(the Rule of Law) ではなく、「各法務大臣の自由裁量・意志」(the Rule of Men) によって行われている——それが、現実である。[3] 換言すれば、死刑執行は、法の下の平等によって行われてはいないのである。更にまた、冤罪の可能性も否定できない。人間は、たとえどれほど誠実であろうとしても、過ちを犯してしまう——それが現実である。

(8) 刑務官の苦悩

死刑執行に実質的に携わるのは、刑務官である。この人々は、いったいどのような思いで、自分の仕事を果たしているのだろうか。そのことに思いを馳せる人は、いったい、どのくらいいるだろうか。やはり、死刑・死刑制度は、多くの人にとっては実感の伴わないことに止まっているのではないか、とそう思う。三人の人が、同時にボタンを押す。誰が押したのかは、分からない。それは、自分でないかもしれないが、自分である可能性は否定できない。いずれにしても、それによって、一人の人間の生命が終焉を迎える。

9・3 人間の現実

弱さ

「なぜ人間は不完全なのだろう」——この問いかけの意味するところは、深くて広い。はたして、この世に完璧な人などいるのだろうか。おそらくそれは、想像することさえ難しいのではないだろうか。この不完全性は、弱さ・欠点と置き換えてもいいかもしれない。人間は誰しも、大なり小なり、さまざまな弱さや欠点を持っている——これが、私たちの現実である。

ともすれば、私たちは、そのような弱さや欠点を隠そうとする。それは、自分の弱みは人には見せたくないからだろうか。あるいは、そもそも、自分がそれを見ることが恐いからだろうか。
しかし実は、弱さや欠点は、私たちにとってとても大切なものではないか、とそう思う。なぜなら、それらによって私たちは、次のような二つの点に気づかされるからである。まず私たちは、それらを客観的に知ることによって、より謙虚な人間になれるだろう。そしてそれらをきっかけとして、より確かな人間関係を結ぶことも可能となるであろう。つまり、お互いの足りない点を補い合うことによって、互いに仕え合うことの大切さを知り、真の仕合せへと招かれるのである。

私たちは、たとえ誠実に生きようとしても、必ずしもそれが上手くいくというわけではない。また、正しいことだと分かっていてもそれができなかったり、悪いことだと知っていてもそれをしてしまったりする——これが、私たちの現実である。

このように私たちは、自らのうちに分裂した自己自身を抱えている。そのことについて、パウロは、次のように吐露する。

> わたしは、自分のしていることが分かりません。自分が望むことは実行せず、かえって憎んでいることをするからです。もし、望まないことを行っているとすれば、律法を善いものとして認めているわけになります。そして、そういうことを行っているのは、もはやわたしではなく、わたしの中に住んでいる罪なのです。わたしは、自分の内には、つまりわたしの肉には、善が住んでいないことを知っています。善をなそうという意志はありますが、それを実行できないからです。わたしは自分の望む善は行わず、望まない悪を行っている。（ロマ7：15–19）

しかし同時にまた、彼は、弱さにおいてこそ神の恵みは注がれる、とも語る。

そのために思い上がることのないようにと、わたしの身に一つのとげが与えられました。それは、思い上がらないように、わたしを痛めつけるために、サタンから送られた使いです。この使いについて、離れ去らせてくださるように、わたしは三度主に願いました。すると主は、「わたしの恵みはあなたに十分である。力は弱さの中でこそ十分に発揮されるのだ」と言われました。だから、キリストの力がわたしの内に宿るように、むしろ大いに喜んで自分の弱さを誇りましょう。それゆえ、わたしは弱さ、侮辱、窮乏、迫害、そして行き詰まりの状態にあっても、キリストのために満足しています。なぜなら、わたしは弱いときにこそ強いからです。（コリントの信徒への手紙二〔以下、二コリント〕12：7–10）

罪

弱さはしかし、端的に「罪」ではない。それゆえパウロは、弱さの原因を罪に見る。人間は、「神の似姿」として造られた、と語られる。それゆえ本来、人間は、一人の統一された存在として生き得るはずである。しかし罪によって、現在のような現実を身に引き受けて生きざるを得なくなってしまった。罪とはしかし、個々の具体的な悪い行為を意味するのではない。それは私たちを、そのような行為へと誘う力であり、それに同意してしまう人間の（心の）状態《ありかた》を意味する（ロマ7：20–23参照）。

9・4　人間の裁きと神の赦し

裁き

「人を裁くな」（マタイ7：1）――と、イエスは語る。またパウロは、次のように語る。「愛する人たち、自分で復讐せず、神の怒りに任せなさい。『「復讐はわたしのすること、わたしが報復する」と主は言われる』と書いてあります」（ロマ12：19）。

裁きとは、何か。誰かを裁くとき、そこには裁きのための何らかの基準・規範が求められる。その際、基準・規範は、より堅固なものであればあるほどいいだろう。そのような時はたして、人間は、そのような基準・規範になれるのだろうか。先にも述べたように、人間は、たとえ誠実であろうとしてもそれができず、自らの中に矛盾を孕んだ、極めて不確かな存在なのである。

真の赦し

裁きの対極にあるもの――それは、赦し。しかし真の赦しは、水に流すこととは違う。人間の行為は、それが善いことであれ悪いことであれ、いったんしてしまったら、それをなかったことにすることはできない。私たちに求められること――それは、次のような態度ではないか。もし自分が何らかの間違いをしたら、素直に謝ること。またある人が何らかの間違いをし、それを心から悔い改めようとしているなら、それを優しく受け容れてやることであろう。

他人の罪を赦すことと自分の罪が赦されること――これらは、表裏一体の関係にある。知恵文学には、次のような言葉がある。

隣人から受けた不正を赦せ。そうすれば、
願い求めるとき、お前の罪は赦される。
人が互いに怒りを抱き合っていながら、
どうして主からいやしを期待できようか。
自分と同じ人間に憐れみをかけずにいて、
どうして自分の罪の赦しを願いえようか。
弱い人間にすぎない者が、
　憤りを抱き続けるならば、
いったいだれが彼の罪を赦すことができようか。
自分の最期に心を致し、敵意を捨てよ。
滅びゆく定めと死とを思い、掟を守れ。
掟を忘れず、隣人に対して怒りを抱くな。
いと高き方の契約を忘れず、
　他人のおちどには寛容であれ。（シラ書〔以下、シラ〕28：2–7）

そもそも私たちが、誰かを赦すことができるのは、それに先立って、自分が神から赦されているからである（エフェソ4：32参照）。
真の赦しは、単なる感情に基づいたものではなく、むしろ、愛と緊密に結びついたものである。

あなたがたは神に選ばれ、聖なる者とされ、愛されているのですから、憐れみの心、慈愛、謙遜、柔和、寛容を身に着けなさい。互いに忍び合い、責めるべきことがあっても、赦し合いなさい。主があなたがたを赦してくださったように、あなたがたも同じようにしなさい。これらすべてに加えて、愛を身に着けなさい。愛は、すべてを完成させるきずなです。また、キリストの平和があなたがたの心を支配するようにしなさい。この平和にあずからせるために、あなたがたは招かれて一つの体とされたのです。（コロサイ3：12−15）

真の赦しは、無条件的なものである。[4] それは、人間の努力によって可能となるものではない。それゆえ、もしそれが実現したなら、奇跡と呼んでもいいかもしれない。奇跡とは、そこに神が働いている、ということにほかならない（詩103：8−14参照）。

そのとき、ペトロがイエスのところに来て言った。「主よ、兄弟がわたしに対して罪を犯したなら、何回赦すべきでしょうか。七回までですか。」イエスは言われた。「あなたに言っておく。七回どころか七の七十倍までも赦しなさい。（マタイ18：21−22）

赦しと癒し

このような真の赦しがない限り、人は、真に癒されることもないだろう。換言すれば、もし自分が癒されたいなら、まず、相手を赦すことである。赦しと癒しは、不可分の関係にある。それは、人間同士であっても国同士であっても、変わらない。復讐合戦をしているかぎり、そこには、真の赦しも真の癒しも生まれない。しかし、もし赦しが生まれるならば、癒しが与えられ、真の平和が訪れるだろう。この平和こそ、まさに、イエスが私たちに求めた平和にほかならない。

私たちは、赦されているからこそ、赦しの道を知っている。癒されているからこそ、癒しの道を知っている。神を知っているからこそ、神の道を知っている。私たちに与えられている恵みは、私たちが、それを他の人に与えるための恵みである。(5)

ロマノ・グアルディーニ（Romano Guardini 1885–1968）は、語る——「愛が正義にまさるように、真の赦しは、創造にはるかにまさる」。(6) 人は、他人の過ちを指摘する時、さらに断罪する時、しばしば「正義」という言葉を振りかざす。しかしグアルディーニによれば、赦しは、「自分で正義を管理する権利を放棄すること」(7) にある。このような赦しが、人間に起因することはない。つまりそれは、恵みよってこそ与えられるのである。さらに言うなら、キリストの贖罪によってこそ、可能となるものである。人間の努力や倫理的徳の積み重ねによって実現するものではない。

赦しはまた、プロセスでもある。すなわちそれは、瞬間的になされるようなものではなく、ある程度の時間や互いの葛藤などといった人間の労苦を伴うものなのである。

愛と赦し

真の赦しは、単なる感情によるものではない。それは、真の愛が単なる感情ではないのと同様である。人は、感情によっては誰かを赦すことはできないだろう。真の赦しを可能にするもの――それは、愛にほかならない。人間は、たとえどのような罪を犯したとしても、誰かを愛することができる。なぜなら愛は、罪を遥かに凌駕するからである。そのことについて、ルカは、次のように語る。

「この人が多くの罪を赦されたことは、わたしに示した愛の大きさで分かる。赦されることの少ない者は、愛することも少ない。」そして、イエスは女に、「あなたの罪は赦された」と言われた。同席の人たちは、「罪まで赦すこの人は、いったい何者だろう」と考え始めた。イエスは女に、「あなたの信仰があなたを救った。安心して行きなさい」と言われた。（ルカ7：47–50）

神の見方と人間のそれとは、違う。「人は目に映ることを見るが、主は心によって見る」（サムエル記上〔以下、サム上〕16：7）。見方が違えば、当然、それに基づく判断の仕方・結果も異なってくる。人は、過ちを犯す――これは、人間の現実である。次の物語は、そのことをよく表している。

イエスはオリーブ山へ行かれた。朝早く、再び神殿の境内に入られると、民衆が皆、御自分のところにやって来たので、座って教え始められた。そこへ、律法学者たちやファリサイ派の人々が、姦通の現場で捕らえられた女を連れて来て、真ん中に立たせ、イエスに言った。「先生、この女は姦通をしているときに捕まりました。こういう女は石で打ち殺せと、モーセは律法の中で命じています。ところで、あなたはどうお考えになりますか。」イエスを試して、訴える口実を得るために、こう言ったのである。イエスはかがみ込み、指で地面に何か書き始められた。しかし、彼らがしつこく問い続けるので、イエスは身を起こして言われた。「あなたたちの中で罪を犯したことのない者が、まず、この女に石を投げなさい。」そしてまた、身をかがめて地面に書き続けられた。これを聞いた者は、年長者から始まって、一人また一人と、立ち去ってしまい、イエスひとりと、真ん中にいた女が残った。イエスは、身を起こして言われた。「婦人よ、あの人たちはどこにいるのか。だれもあなたを罪に定めなかったのか。」女が、「主よ、だれも」と言うと、イエスは言われた。「わたしもあなたを罪に定めない。行きなさい。これからは、もう罪を犯してはならない。」（ヨハネ8：1–11）

一人の女性が、姦通の現場で捕えられた。律法に従えば、姦通を犯した者は、死罪に値した（申命記〔以下申〕22：22–29）。それゆえ、律法学者やファリサイ派の人々の訴えは、人間的な見方からすれば、あながち間違ってはいない。しかし彼らの関心は、そこにはなかった。むしろ彼らの狙いは、ひとえにイエスを窮地に陥らせることにあった。彼らの問い詰めは、人間的な知恵に長けた実に狡猾なものであった。

彼らは、「律法から生じる自分の義」を信じる人々であった。それに対して、イエスは、「神から与えられる義」を生きる人間であった。もしイエスが、「石を投げるな」と言えば、それは、律法に背くことになる。もし「石を投げろ」と言えば、それは、日頃の言動とは矛盾することになる。そのような彼らの奸計に対して、イエスは、沈黙する。しかし、彼らの態度があまりにも執拗だったので、とうとうイエスは、口を開きこう語る――「あなたたちの中で〝罪を犯したことのない者〟(アナマルテートス)が、まず、この女に石を投げなさい」。

このイエスの言葉に対して、誰も、反論できなかった。つまり誰も、この女に石を投げることはできなかったのである。なぜなら誰一人として、それまでの自分の来し方を振り返って、「一度も罪を犯したことはない」と断言できる者はいなかったからである。唯一それができたのは、イエス。しかし彼は、石を投げることはしなかった。

「だれもあなたを罪に定めなかったのか」とイエスは尋ねる。それに対して、女は応える――「主よ、だれも」。人が人を裁くことはできない――これは、イエスのぶれることのない確信である(マタイ7：1-6、ロマ14：13、一コリント4：5、ヤコブの手紙〔以下、ヤコブ〕4：11-12参照)。

イエスの言葉は、実に画期的である。「わたしもあなたを罪に定めない。行きなさい。これからは、もう罪を犯してはならない」。イエスは、彼女の罪を赦し、新たないのちへと送り出す。その後彼女は、どのような人生を送ったのだろうか――それは分からない。しかしおそらく、彼女は、誰かを裁くような人間にはならなかったのではないだろうか。

罪に定めないとは、裁かないということ。更にいうなら、いのちを与える、ということにほかならない。もちろんイエスは、彼女のしたことが良いことだとは言わない。それは、彼女自身も震える程分かっていたことだろう。その彼女の苦しみを、イエスは、同じ思いで感じとっている。だから、「行きなさい」と言う。この「行きなさい」とは、「生きなさい」ということでもあるのではないか、とそう思う。「もう罪を犯してはならない」――これは、真のいのちに生きることへの招きにほかならない。

神は、いかなるもののいのちであっても、それが失われることを望まない。なぜなら神は、〝いのちそのもの〟だからである。

わたしは生きている、と主なる神は言われる。わたしは悪人が死ぬのを喜ばない。むしろ、悪人がその道から立ち帰って生きることを喜ぶ。立ち帰れ、立ち帰れ、お前たちの悪しき道から。イスラエルの家よ、どうしてお前たちは死んでよいだろうか。（エゼキエル書〔以下、エゼキエル〕33：11）

教皇フランシスコの言葉

教皇フランシスコは、死刑は容認できないものとして、『カトリック教会のカテキズム』（二二六七項）の改訂を承認した。死刑は、「人間の不可侵性と尊厳への攻撃」であると語られる。

合法的権威がしかるべき手続きを経た後に死刑を科すことは、ある種の犯罪の重大性に応じた適切な応えであり、極端ではあっても、共通善を守るために容認できる手段であると長い間考えられてきました。

しかし今日、たとえ非常に重大な罪を犯した後であっても人格の尊厳は失われないという意識がますます高まっています。加えて、国家が科す刑事制裁の意義に関して、新たな理解が広まってきています。最後に、市民にしかるべき安全を保障すると同時に、犯罪者から回心の可能性を決定的に奪うことのない、より効果的な拘禁システムが整えられてきています。

しがたがって教会は、福音の光のもとに「死刑は許容できません。それは人格の不可侵性と尊厳への攻撃だからです」と教え、また、全世界で死刑が廃止されるために決意をもって取り組みます(8)。

9・5 まとめ

かつては可能性の域にあったものが、今日では可能となっている――私たちの生活は、そのような現実の中で営まれている。しかし忘れてならないのは、「可能であるからといって、それをやってもいいのか」という問いかけである。生命科学の進歩は、確かに著しく、その応用範囲もいっそうの広がりを見せている。そこで問われているのは、単なる抽象的な理論ではなく、具体的な諸問題である。それゆえ、私たちに求められること――それは常に、「いのち」をその尊厳から捉え直し、相対する諸問題に誠実に関わっていくことである。第2部においては、以下のような諸問題を扱ってきた。生殖補助医療（人工授精、体外受精、代理母）、出生前診断、人工妊娠中絶、脳死・臓器移植、安楽死・尊厳死、ケアリング、ホスピス・緩和ケア、そして死刑・死刑制度である。残念ながら、これら諸問題の現場において、「いのちの尊厳」が、さまざまな形で脅かされていることも少なくない。それゆえ私たちは、いっそうより広い視野とより深い見地から、それら諸問題に取り組んでいかなければならないだろう。

【コラム3】……………いのちと平和

一人ひとりのいのちが、それぞれのいのちとして大切にされること——そこに、真の平和はある。そして私たちは、例外なくその平和へと招かれている。平和は確かに、その根本においては、恵みとして与えられるもの。しかし同時にまた、私たちが常に築き上げて行くべきものでもある。

真の平和とは、ただ何も起こらないとか、力と力が危うい均衡を保っているとか、あるいはまた、独裁者がすべてを支配していることではない。そこにはもっと積極的な意味がある。「あなたがたに平和があるように」（ヨハネ20：19、21、26）——イエスが語るこの「平和」は、日常生活の中で挨拶として交わされる言葉であるが、同時にまた、神が共におられることをも意味している。「恐れなくてもいい。あなたはわたしのもの、わたしはいつもあなたとともにいる」（イザヤ書〔以下、イザヤ〕43：1-2参照）——これは昔も今も、そしてこれからも、変わることのない神の心であり、約束であり、真の平和はここから生まれる。

自らの中に平和を育む

平和を築く——そのために私たちは、どこから始めればいいのだろうか。この社会・世界が平和であってほしい。それは本来、すべての人が願い求めていることであろう。この社会を構成する最小単位、それは、私たち一人ひとりにほかならない。そうであるなら、まず一人ひとりが平和であること、それこそが、まず私たちが目指すべきことであろう。

一五世紀に著された「第二の福音書」とも言われる『キリストにならう』は、私たちに多くの示唆を与えてくれる。

まず、あなた自身のうちに平和を保ちなさい。そうすれば、他人にも平和を分けることができる。平和な人は、偉大な学者よりも他人のためになる。感情的な人は善さえも悪に変え、また悪を信じやすい。ところが、平和を愛する人は、すべてを善に変える。心を平和に保っている人は、誰をも疑わないが、不平を言う怒りっぽい人は、いろいろな疑いに苦しめられる。その人は自分も平和を知らず、また他人の平和を乱す。またそうした人は、しばしば言ってはならないことを言い、自分のしなければならないことをおろそかにする。彼は他人のすることに気をつかい、自分の務めは怠る。だから、あなたはまず、自分の霊魂について熱心でありなさい。そうすれば自然に、隣人のことにも熱心に注意することができるであろう。(第二巻第三章一)

真・善・美としての平和

平和――それは、一つの調和であり秩序である。「真・善・美」――それは、私たちのいのちが目指すべき姿であり、平和の形である。真とは、私たちの理性が目指すもの。善とは、私たちの意志が向かうもの。そして美とは、そのような私たちに、いのちの深みから喜びを与えるものにほかならない。これらは本来、いのちにおいて一つであり、またそうあるべきものでもある。なぜ人は、美しさに憧れるのか――それは、人間は本来正しいことを知り、善い生き方を求めるからである。真・善・美が、いのちにおいて一つとなる時、私たちは、真の〝仕合せ〟へと招かれ、それを周りの人々と分かち合い、感謝する。

平和について思い巡らすにあたって、次の二人の言葉は、私たちに平和についての素朴な理解を与えてくれる。一人は、マザー・テレサであるが、彼女は生前、出会う人にメモを渡していた、と言う。そのメモには、次の言葉が記されていたと伝えられる。

沈黙の実りは祈り、祈りの実りは信仰、信仰の実りは愛、愛の実りは奉仕、奉仕の実りは平和。(The fruit of silence is prayer; the fruit of prayer is faith; the fruit of faith is love; the fruit of love is service; the fruit of service is peace.)

真の平和は、沈黙から始まる――彼女の言葉は、そのことを素朴に語る。沈黙とは、ただ何も喋らないということではない。神の語りかけを聴くその心の状態《ありかた》にほかならない。

もう一人は、一九世紀に生き、生前から聖人の誉れがあった、ピオ・ピエトレルチーナ神父である。彼は、次のように語る。

平和とは、心の単純さ、良心の安らかさ、魂の静けさ、そして愛によるきずなである。(Peace is the simplicity of spirit, the serenity of conscience, the tranquility of the soul and the bond of love.)

剣は鋤となり、槍は鎌となる

神が望む平和――それは、いったいどのようなものなのだろうか。それについて、預言者イザヤは、次のように語る。

主は国々の争いを裁き、多くの民を戒められる。
彼らは剣を打ち直して鋤とし
槍を打ち直して鎌とする。
国は国に向かって剣を上げず
もはや戦うことを学ばない。(イザヤ2:4)

実に簡潔なイメージで描かれる。また、詩編は、神の義と平和との関係について、次のように語る。

慈しみとまことは出会い
正義と平和は口づけし
まことは地から萌えいで
正義は天から注がれます。
主は必ず良いものをお与えになり
わたしたちの地は実りをもたらします。
正義は御前を行き
主の進まれる道を備えます。(詩85:11–14)

旧約聖書において、「慈しみ」と「まこと」は、しばしば対になって語られる(常にこの順序で)。「慈しみ」は「ヘセド」の訳語であり、「エレオス」(ギリシア語)「ミセリコルディア」(ラテン語)へと受け継がれる。一方「まこと」は「エメト/エムナー」の訳語であり、「アレーテイア」(ギリシア語)「ヴェリタス」（ラテン語）へと受け継がれる。このように、「慈しみ」と「まこと」は、旧約聖書において、神の本質を表すものとして理解することができる。またこれらの言葉は、「義」「公正」「平和」とともに、神の属性として人格化されていた。それはまた、新約聖書にも受け継がれる。

律法学者たちとファリサイ派の人々、あなたたち偽善者は不幸だ。薄荷《はっか》、いのんど、茴香《ういきょう》の十分の一は献げるが、律法の中で最も重要な正義、慈悲《いつくしみ》、誠実《まこと》はないがしろにしているからだ。これこそ行うべきことである。もとより、十分の一の献げ物もないがしろにしてはならないが。（マタイ23：23）

真の平和は、やがて、このような神によって遣わされた神の独り子を通して私たちに与えられる。それは、「平和の君」と呼ばれる方であり、神と人間の仲介者として人類の歴史に介入する。

ひとりのみどりごがわたしたちのために生まれた。
ひとりの男の子がわたしたちに与えられた。
権威が彼の肩にある。
その名は、「驚くべき指導者、力ある神
永遠の父、平和の君」と唱えられる。（イザヤ9：5）

イエスの語る平和

平和の君は、私たちを真の平和へと招く――「平和を実現する人々は、幸いである、／その人たちは神の子と呼ばれる」(マタイ5：9)。この言葉は、有名な山上の説教の冒頭において語られる、福音書のマグナ・カルタとも言われる〝真福八端〟(The Beatitudes)の一節である。そして、平和の君としてのイエスは、こう私たちに約束する——「わたしは、平和をあなたがたに残し、わたしの平和を与える。わたしはこれを、世が与えるように与えるのではない」(ヨハネ14：27)。

復活の後、イエスは、何回も次のように語った——「あなたがたに平和があるように」(ヨハネ20：19、21、26)。冒頭でも述べたように、イエスの語るこの「平和」(シャローム)は、日常生活においては挨拶の言葉として交わされるが、その本来の意味は、神が共におられるということにある。

イエスはまた、「恐れるな」という言葉もしばしば語った(マタイ14：27、17：7、28：10、ルカ5：10、12：32)。この言葉は、旧約時代から、しばしば神の口から語られた言葉である。「恐れなくてもいい。あなたはわたしのもの、わたしはいつもあなたとともにいる」(イザヤ43：1-2参照)——これは、昔も今も、そしてこれからも、変わることのない神の約束、福音であり、真の平和はここから生まれる。

平和を築く

このように、真の平和とは、第一義的には神から与えられるものとして考えられる。しかし同時にまた、私たちが積極的に築いていくべきものでもある。そのためにこそ、私たちには自由が与えられている。当然そこには、自由に伴う責任と秩序が求められるが、私たちがそれを忘れるとき、平和は破壊され、人はいのちを失う。そのことについて、現代のカトリック教会は、次のように語る。

平和は単なる戦争の不在でもなければ、敵対する力の均衡を保持することだけでもなく、独裁的な支配から生ずるものでもない。平和を正義のわざと定義することは正しい。平和とは、人間社会の創立者である神によって、社会の中に刻み込まれ、常により完全な正義を求めて人間が実現しなければならない秩序の実りである。事実、人類の共通善は、基本的には永遠の法則によって支配されるが、共通善が具体的に要求する事がらは、時の経過とともに絶えず変動する。平和は永久に獲得されたものではなく、絶えず建設すべきものである。そのうえ人間の意志は弱く、罪によって傷つけられているため、平和獲得のためには各自が絶えず激情を押え、正当な権力による警戒が必要である（『現代世界憲章』78）[1]。

三つの段取り

それでは私たちは、いったいどのように平和を築いていけばいいのだろうか。平和の実現にあたっては、例えば、次のような三つの段取りが考えられる。まず、あるがままの自分を受け容れること、次に、自分が出会う人をそのまま受け容れること、そして、そのような私たちのいのちは、互いに仕え合うことにその本質があること、それらの確認である。

(1) あるがままの自分を受け容れる

これまでも述べてきたように、人間は不確かで、一人として完全な者はいない。おそらく、そのような人をイメージすることさえできないのではないだろうか。ともすれば、私たちは、自分の弱さ・欠点にコンプレックスを抱き、それを隠そうとして思い悩む。しかし実は、そのような弱さ・欠点こそ、実は自分自身を知ることだけでなく、人間関係を結ぶにあたっても、大切なきっかけとなることも少なくない。次の言葉は、以前にも紹介したパウロの手紙からの引用であるが、改めて注目したい。彼は、人間の弱さを、神の恵みとの関係で語る。

それで、そのために思い上がることのないようにと、わたしの身に一つのとげが与えられました。それは、思い上がらないように、わたしを痛めつけるために、サタンから送られた使いです。この使いについて、離れ去らせてくださるように、わたしは三度主に願いました。すると主は、「わたしの恵みはあなたに十分である。力は弱さの中でこそ十分に発揮されるのだ」と言われました。だから、キリストの力がわたしの内に宿るように、むしろ大いに喜んで自分の弱さを誇りましょう。それゆえ、わたしは弱さ、侮辱、窮乏、迫害、そして行き詰まりの状態にあっても、キリストのために満足しています。なぜなら、わたしは弱いときにこそ強いからです。（二コリント12：7―10）

とげは、いったい何を意味するのであろうか。それは明らかではないが、少なくとも、それさえなければ、自分はもっと良い人間になれるのに、といったときのそれである。弱さにおいてこそ、強さが現れる――これは、逆説的な表現ではあるが、事の真実を現しているのではないだろうか。

確かな生活――それは、すべての人が願うことであろう。そのためにも、生活は、より確かなものに基づいていてほしい。それによってこそ、私たちは、平和のうちに生きることができる。このような生活の基を、どこに見出すことができるだろうか――それは、〃いのちそのもの〃にほかならない。そこにおいてこそ、平和といのちは、一つのものとなるだろう。

(2) ありのままの相手を受け容れる

自分が出会う人を前にして、（この人は、いったいどんな人なのだろう）と、私たちは思う。そのようなとき、大切なのは、その人を分析することではなく、その人をその人として、いったんそのまま受け容れることではないだろうか。それによってこそ、私たちは、その延長線上において、互いの弱さ・欠点を受け容れることができ、さらには、赦し合うことの大切さを学ぶこともできるだろう。

あなたがたは神に選ばれ、聖なる者とされ、愛されているのですから、憐れみの心、慈愛、謙遜、柔和、寛容を身に着けなさい。互いに忍び合い、責めるべきことがあっても、赦し合いなさい。主があなたがたを赦してくださったように、あなたがたも同じようにしなさい。これらすべてに加えて、愛を身に着けなさい。愛は、すべてを完成させるきずなです。（コロサイ3：12–14）

愛を身にまとう——そのとき私たちは、いったいどのような人間になるのだろう。愛と赦しは、ある意味で表裏一体である。愛によってこそ、赦しは成就する。それゆえ、赦し合うことなしに、私たちは、真の平和を享受することも築くこともできないだろう。このことは、個人のレベルでも、また国家間のレベルでも、言い得ることである。平和のあるところには秩序があり、秩序のあるところには静けさがある（*tranquillitas ordinis*: "tranquility of order" or "well-ordered concord"）。この静けさこそ、真の平安・平和であり、私たちのいのちが整えられる場にほかならない。求められるべきは、赦しであって裁きではない。

人を裁くな。あなたがたも裁かれないようにするためである。あなたがたは、自分の裁く裁きで裁かれ、自分の量る秤で量り与えられる。あなたは、兄弟の目にあるおが屑は見えるのに、なぜ自分の目の中の丸太に気づかないのか。兄弟に向かって、「あなたの目からおが屑を取らせてください」と、どうして言えようか。自分の目に丸太があるではないか。偽善者よ、まず自分の目から丸太を

取り除け。そうすれば、はっきり見えるようになって、兄弟の目からおが屑を取り除くことができる。(マタイ7:1–5)

(3) いのちは互いに仕え合う

自分のいのちは、他のいのちによって生かされている――それを忘れる時、人は傲慢になる。自分のいのちは、他のいのちを生かしている――それを忘れる時、人は希望を失う。

生きるために、私たちは、何かを食べなければならない。それは野菜や果物であったり、魚や肉であったりする。それらはかつて、それぞれのいのちを生きていた。そのようないのちが、私の中で、私のいのちへと変容する。しかも、ただ変容するだけではなく、私のいのちとして一つに収斂する。

人間のいのちは、しかし、ただ単に食物だけで養われるわけではない。私たちはさらに、精神的あるいは霊的ないのちによっても生かされ得るし、事実それらによって生かされなければ、真の人間とはなり得ない。その過程において、私たちは、ただ単にさまざまな人々と出会うだけでなく、さらには、超越的存在とも出会う。これらの出会いを通して、私たちは、より人間らしい人間へと成長する。

人はパンだけで生きるものではない。神の口から出る一つ一つの言葉で生きる。(マタイ4:4)

朽ちる食べ物のためではなく、いつまでもなくならないで、永遠の命に至る食べ物のために働きなさい。(ヨハネ6:27)

現在、日本において、平和を脅かすものがいくつかある。その中の一つとして、ここでは「安全保障関連法」について少しばかり言及してみたい。

二〇一五年九月一九日未明、安全保障関連法案が、参院本会議において賛成一四八反対九〇で可決された。同法案は、他国を武力で守る集団的自衛権の行使容認を中心とした、〝戦争法案〟にほかならない。

同法案に対して、九〇%の憲法学者をはじめ、歴代の内閣法制局長官や元最高裁判事らが、異口同音に〝違憲〟を唱えている。また、国民の過半数も反対意見を表明している。それにもかかわらず、それらの声に真摯に耳を貸すこともなく、強行採決された。さらに、この採決自体も法的に有効ではない、と二二五名の弁護士が声明を出した。これは、明らかに歴史に汚点を残す、安倍晋三首相（当時）をはじめ与党などの賛成者による暴挙と言っても過言ではないだろう。

この暴挙によって、私たちは、三つの崩壊を経験した。

まず、立憲主義の崩壊である。憲法とは、本来、国家権力の暴走を縛るために存在するものである。事実、憲法九九条には、閣僚や公務員は、憲法の「尊重・擁護義務」が定められている。ところが、拘束を受ける立場にある政府・与党が、自らそのタガを外したのである。時の一内閣によって、憲法が任意に解釈・変更されるならば、それは、明らかに立憲主義の軽視あるいは否定にほかならない。これは、いわば、憲法に対するクーデターである。

第二の崩壊は、民主主義の崩壊である。政府・与党は、論議は尽くされたと言う。しかし、彼らが安全保障関連法案の必要性について語れば語るほど、その論理的矛盾や法的不安定性が明らかになるだけであった。たとえ一〇〇時間の時間をかけたとしても、それで論議が尽くされたわけではない。

第三の崩壊は、日本における平和の崩壊である。日本は、第二次世界大戦後、七〇年余りという歳月をかけてこの平和を築いてきた。それは、日本国憲法、とりわけその前文と第九条によって維持されてきたものである。九条は、国際紛争の解決手段としての武力行使を永久に放棄する、と定めている。

ある人が言う——日本は、米国を通してしか世界を見ることのできない国である。安全保障関連法の成立によって、日本は、米国による戦争の下請け国家となる。しかしそれは、世界の平和とは対極に位置するものである。日本の目指すべき国のあり方は、戦争のできる〝普通の国〟ではなく、戦争をしない〝特別な国〟ではないだろうか。

一人ひとりのいのちが、それぞれのいのちとして大切にされること——そこに、真の平和はある。そして、それを目指すことに、私たちの希望はある。この平和は、〝いのちそのもの〟からの私たちへの招きにほかならない。その意味で、平和は恵みと言える。しかし同時にまた、平和は、私たちが常に築いていかなければならないものでもある。その意味で、平和の実現は、すべての人にとっての課題でもある。一人ひとりの心が穏やかであること、各家庭に団欒があること、そして社会に秩序の静けさがあること——これが、平和を実現するための段取りにほかならない。この営みによって、私たちは、真の仕合せへと導かれるだろう。

資料・日本国憲法

(前文) 日本国民は、正当に選挙された国会における代表者を通じて行動し、われらとわれらの子孫のために、諸国民との協和による成果と、わが国全土にわたつて自由のもたらす恵沢を確保し、政府の行為によつて再び戦争の惨禍が起ることのないやうにすることを決意し、ここに主権が国民に存することを宣言し、この憲法を確定する。そもそも国政は、国民の厳粛な信託によるものであつて、その権威は国民に由来し、その権力は国民の代表者がこれを行使し、その福利は国民がこれを享受する。これは人類普遍の原理であり、この憲法は、かかる原理に基くものである。われらは、これに反する一切の憲法、法令及び詔勅を排除する。

日本国民は、恒久の平和を念願し、人間相互の関係を支配する崇高な理想を深く自覚するのであつて、平和を愛する諸国民の公正と信義に信頼して、われらの安全と生存を保持しようと決意した。われらは、平和を維持し、専制と隷従、圧迫と偏狭を地上から永遠に除去しようと努めてゐる国際社会において、名誉ある地位を占めたいと思ふ。われらは、全世界の国民が、ひとしく恐怖と欠乏から免かれ、平和のうちに生存する権利を有することを確認する。

われらは、いづれの国家も、自国のことのみに専念して他国を無視してはならないのであつて、政治道徳の法則は、普遍的なものであり、この法則に従ふことは、自国の主権を維持し、他国と対等関係に立たうとする各国の責務であると信ずる。

日本国民は、国家の名誉にかけ、全力をあげてこの崇高な理想と目的を達成することを誓ふ。

第九条　日本国民は、正義と秩序を基調とする国際平和を誠実に希求し、国権の発動たる戦争と、武力による威嚇又は武力の行使は、国際紛争を解決する手段としては、永久にこれを放棄する。

2　前項の目的を達するため、陸海空軍その他の戦力は、これを保持しない。国の交戦権は、これを認めない。

第3部　性の倫理

性の意味を問うこと――それは、人間の状態《ありかた》を問うことでもある。換言すれば、ある人がどういう人間であるか、それは、その人が性をどのように理解・受容しているかを見ればだいたい分かるのである。性を真摯に受け止めている人は真摯な人であり、軽視する人は、やはりそれなりの人なのである。このように、人間における性は、決して付帯的なものではなく、むしろ、そこにおいて人間の本質が現れてくる場である、と考えられる。その意味で、人間における性は、「人格としての性」として捉えることができるのではないだろうか。それゆえ、この性は、決して否定的・消極的なものではなく、むしろ、肯定的・積極的なものであり、そこにおいて「人間の尊厳」が現れてくる。

以上のことについて、次のような四つの観点から考察を進めたい。まず、「人格としての性」とは、いったい何を意味するのか、そのことについて検討する。次に、「関係性としての性」と題して、この性がどのような関係性を持っているのか、そのことについて確認する。第三に、性を「言語としての性」として捉えることによって何が見えてくるのか、そのことについて吟味する。そして最後に、このような人間の性は、結婚との関係において、より深く、また現実的に理解されることについて言及する。

第1章 人格としての性

人格的存在としての人間における性は、他の生物におけるそれとは根本的に異なっている。すなわち、それは、ただ単に生物学的な意味での新たないのちの誕生に向けられたものではない。そこには、人格的存在としてのいのちの共感の余韻がある。換言すれば、人間における性は、一人の人間のある部分ではなく、むしろ、その人物の全体に関わるものなのである。この意味での性は、ただ単に、セックス（sex）としての性でも、またジェンダー（gender）としての性に留まるものではなく、セクシュアリティ（sexuality）としての性にほかならない。それゆえ、人格的存在としての人間の性の意味を問うことは、同時にまた、人間の状態《ありかた》を問うことでもある。換言すれば、ある人が性をどのように理解・受容しているかを見れば、その人がどのような存在であるのかがだいたい推し量られるのである。性を真摯に受け止めている人は、やはり真摯な人であり、性を軽く扱う人は、やはりそれなりの人なのである。

1・1 「性の倫理」とは何か

「性の倫理」の考察にあたって、まず、「性」という言葉に注目したい。「性」という文字は、「忄」（立心偏）と「生」から、すなわち、「心」と「いのち」から成り立っている。それゆえ、性は、「生まれながらの心」「心を生きる」あるいは「心をもって生きる」とも解釈できるであろうか。事実「性」には、次のような様々な意味がある（『新漢語林 第二版』大修館書店、二〇一一年）。

①さが。たち。本性。生まれつきの性質。持ちまえ。物の性質・傾向。②心。精神。③いのち。生命。④生きていること。生活。⑤男女の別。また、そこから起こる色欲の本能。「同性」「性欲」⑥（仏）不変・普遍な、万物の原因。「ショウ」と読む。

「せい」を漢字で表記するなら、「性」となる。しかしこの言葉は、例えば英語なら、次のような三つの表記がある。一つは「セックス」（sex）であり、これは生物学的な意味での性（男女）や性の交わりを表わす。次に、「ジェンダー」（gender）と呼ばれる性であるが、これは社会的・文化的・歴史的に作られた性別・性差などを指す。そして三番目は、「セクシュアリティ」（sexuality）としての性である。この性は、先の二つの性を含みながらも、それ以上の意味を内包している。すなわち、性に関するあらゆることを総称的に捉えたものであり、そこにおいて、人格としての人間の状態《ありかた》そのものが体現されるのである。

第1部で考察した「倫理」に、この「性」を併せることによって、「性の倫理」の意味内容が見えてくるだろう。例えばそれは、「人間の性の中にある理《ことわり》」あるいは「人間が性において踏み行うべき道」などである。

自分の性は、確かに、あくまでも自分のものであって他人のそれではない。その意味で性は、個人的な問題である。しかし同時にまた、性は、他者との関係においても捉えられなければならない。なぜなら人間は、本来、社会的・共同体的存在だからである。

以下、考察を進めるにあたって、予め確認しておきたいことがある。まず性は、本来良いものとして人間に与えられている、ということ。つまり性は、人間の成長・成熟において必要不可欠なものである、ということである。性は、決して否定的なものでも、忌避すべきものでも、また抑圧すべきものでもない。むしろそこにおいて、人間の人格が体現する場である。その一方で性は、その人格を傷つけるきっかけともなり、それゆえ、野放図にすることができないのも事実でもある。

1・2 「人格」とは何か

「人間は人格的存在である」――第一部においても考察したが、改めて、その意味について振り返ってみたい。「人格的」という言葉は、英語のpersonalに相当するが、さらにさかのぼるなら、ラテン語の*persona*に辿り着く。*persona*には、例えば「仮面、役割、人格」などの意味がある。また、両者の関係は定かではないが、*personare* という動詞があり、その意味は、「響く、響き合う、反響する」などである。何が響き合うのかと言えば、それは、人間と人間であると考えることも可能であろうか。それゆえ、先の命題（「人間は人格的存在である」）は、次のように言い換えることができるだろう――「人間とは、お互いに響き合う存在である」あるいは「人間は、お互いに響き合って初めて真の人間となる」。

人格には、本質的に、「自由」と「責任」が含まれている。真の自由は、何でも自分の好きなことをやってもいい、といった意味ではない。それは単なる恣意である。真の自由は、「自分の生き方を自分で熟慮・決断し、それを選び取ること」にある。これは、「根本的選択」（fundamental option）、あるいは「根本決断」とも呼ばれる。当然そこには、それ相応の「責任」が伴う。

「人格としての性」は、このことに基づいて理解される。性は、一人の人間のある部分ではなく、むしろ、その人物の全体に関わる。それゆえ、そこにおいて「人格」が問われるのである。換言すれば、性は、とりわけ sexuality としての性は、人格とほぼ同意義のものとして捉えられるであろう。それゆえ、性の意味を問うことは、人間の状態《ありかた》を問うことでもある、と言ってもいいだろう。ある人がどういう人間であるか、それは、その人が性をどのように理解・受容しているかを見れば、だいたい分かるのである。性を真摯に受け止めている人はやはり真摯な人であり、性を軽く扱う人はやはりそれなりの人なのである。

ロロ・メイ（Rollo May 1904–94）は、愛が人格的なものであることを主張する。彼によれば、「人間だけが、顔と顔とを合わせて性の交わりを結ぶ」のである。

愛が人格的なものであるという事実は、愛の行為そのものの中に示される。人間は顔と顔とをつきあわせて愛のいとなみを行なう唯一の動物である。人間は自分の相手を見ながら交接する。もっとも、われわれは、変化をもたすために頭を廻したり、あるいは別の位置をとることはできる。しかしこれは、一つのテーマの変形である。そのテーマというのはお互いに向かい合って（*vis-a-vis*）愛のいとなみを行なうというテーマである。このことは、人間の前面をさらけだすことになる。胸、肺、胃や人間にとってもっとも柔らかく、もっとも傷つきやすいところすべてを、相手のなすままに、やさしくしようがあるいは残酷にしようが、さし出すことである。男性は、女性の眼の中に、よろこびあるいはおそれ、身ぶるいあるいは不安のニュアンスを見ることができる。それは自分の自我を究極的に除外する身構えである[1]。

1・3　身体としての私

人間は、一つの統合された存在である。換言すれば、人間は、いわゆる「精神と肉体」あるいは「魂と体」といった二元論で捉えられるような存在ではないのである。もしそのような考え方に基づくなら、性は、人間のある部分的なものに還元されてしまうだろう。またそれゆえ、性に関する理解も、単なる生物学的あるいは身体論的なものに止まるであろう。

むしろ人間は、「身体《からだ》となった精神」あるいは「精神化された身体」と言ってもいいのではないだろうか。[2] 誰かが、自分の手に触れたとしよう。その時、確かに誰かが自分の手に触れたのであるが、同時にまた、私自身にも触れたのである。それゆえ、「私は身体を持っている」というよりは、むしろ、「私は身体である」と言えるのではないだろうか。[3]

私たちは改めて、「身体」の重要性について見直すべきであろう。私たちの身体は、単なるものではない。それゆえ、それを傷つけることも、また金銭によって売買することも、身体の尊厳を侵すことになり、身体が本来持っている意味から外れたことになる。

「身体」の考察にあたっては、まず、次の三つの点を確認しておきたい。

(1) 「身体」は、決して忌わしいもの、すなわち否定的なものではなく、むしろ、そこにおいて人間の尊厳が表れている。

(2) 「身体」は、それによって一人の人間が、一人の統一された人間として存在する。それゆえ、プラトンやデカルトの人間論（「精神と肉体」や「魂と体」）のような二元論によって捉えることはできない。

(3) 「身体」は、それによって、人間と人間の関係が結ばれる。つまり、「身体」は社会的次元において見ることができる。

まず確認しておきたいこと――それは、「身体」そのものは、本来尊厳を持った良いものであるということ。それゆえ、健康という観点からも、また他者との関係の観点からも、「身体」を大切にすることは極めて当然のことだと言える。自分自身と正しい関係を持つ時、また、他者と正しい関係を持つ時、それはただ単に身体的側面だけに、また精神的側面だけに限られるわけではない。

時々、キリスト教は「身体」を軽視、あるいは蔑視している、と思っている人がいるが、それは大きな間違いである。一人ひとりの人間にとって、「身体」がいかに大切であるか、そのことについてパウロは、以下のように述べている。[4]

食物は腹のため、腹は食物のためにあるが、神はそのいずれをも滅ぼされます。体はみだらな行いのためではなく、主のためにあり、主は体のためにおられるのです。神は、主を復活させ、また、その力によってわたしたちをも復活させてくださいます。あなたがたは、自分の体がキリストの体の一部だとは知らないのか。キリストの体の一部を娼婦の体の一部としてもよいのか。決してそうではない。娼婦と交わる者はその女と一つの体となる、ということを知らないのですか。「二人は一体となる」と言われています。しかし、主に結び付く者は主と一つの霊となるのです。みだらな行いを避けなさい。人が犯す罪はすべて体の外にあります。しかし、みだらな行いをする者は、自分の体に対して罪を犯しているのです。知らないのですか。あなたがたの体は、神からいただいた聖霊が宿ってくださる神殿であり、あなたがたはもはや自分自身のものではないのです。あなたがたは、代価を払って買い取られたのです。だから、自分の体で神の栄光を現しなさい。（一コリント6：13–20）

ここにおいて、「身体」（引用文中では「体」）が、何回も語られる。パウロによれば、私たちのこの「身体」は、自分の「身体」でありながら、同時にまた、キリストの身体の一部でもある、と考えられている。それゆえ「身体」は、忌み嫌うべきものであるどころか、むしろ、それによって神との一致に与《あずか》ることのできる、極めて重要なものなのである。このように「身体」は、「聖霊の神殿」であるからこそ、それによって私たちは、「神の栄光」を現わすことができる、と言われる。パウロはまた、私たちは、「身体」によってお互いに深く結ばれている、とも語る。

体は一つでも、多くの部分から成り、体のすべての部分の数は多くても、体は一つであるように、キリストの場合も同様である。つまり、一つの霊によって、わたしたちは、ユダヤ人であろうとギリシア人であろうと、奴隷であろうと自由な身分の者であろうと、皆一つの体となるために洗礼を受け、皆一つの霊をのませてもらったのです。（一コリント12：12–13）

このように「身体」は、精神より劣ったものでも、また魂によって支配・排斥されたりするものでもない。それどころか、むしろ、「身体」は人間にとって良いものとして私たちに与えられている。ただ同時に、「身体」は、それによって人間が過ちを犯すきっかけにもなり得る。その意味で「身体」は、人間にとって悩ましいものであるのかもしれない。

自分の「身体」は、自分のアイデンティティ（自分が自分であるということ）を表している。「身心一如」という言葉は、そのことを端的に表しているだろう。それゆえ、例えば、心に何か悩みがある時、それは何らかの形で「身体」に影響を与える。また、「身体」の具合が思わしくない時、気分はふさぐ。「体のともし火は目である。目が澄んでいれば、あなたの全身は明るいが、濁っていれば、全身は暗い」（マタイ6：22）。好きな人と一緒にいる時、心が浮き立つのは当然である。なぜなら、「身体」が喜んでいるからである。目が潤むのは当然である。なぜなら、心が喜んでいるからである。

自分の思いを誰かに伝えたい――そのような時、私たちは、「身体」を通して具体的にそれを表わす。それゆえ、愛の表現として、性の交わりが大切なのは当然であろう。しかし、それが唯一の方法である、というわけでもない。私たちには、他にもさまざまな方法がある。しかしそこには、いくつかの共通点がある。例えば、(1)純粋であること、つまり、そこには金銭の授受がないこと。(2)持続性があること、つまり、一時の感情によるものではないこと。また、(3)無条件なものであること、つまり、ギブ・アンド・テイクではないことなどである。

現代の私たちの社会は、あまりにも「身体」を粗末にしてはいないだろうか。その一つが、「身体」の商品化である。この消費社会に浸りきった私たちである。「身体」の本来の尊厳に感応する感覚が萎えてしまっているのも、ある意味当然なのであろうか。しかしだからこそ、忘れてはならない大切なことがある。それは、私たちの身体は、確かに自分の身体であるが、自分だけのものではない、ということである。

現代に限ったことではないが、この性の商品化は、人格的存在としての人間の非人間化にほかならない。もちろん、あまりにも性を神聖視するのは問題であろうが、極端に性をタブー視したり罪悪視したりするのも問題であろう。大切なのは、性は、その最も深い次元において、人間と人間との人格的な出会いの場として理解すること、これである。

1・4 性的存在としての人間

先ほど、「性」という言葉は、「セックス」(sex)、「ジェンダー」(gender)、そして「セクシュアリティ」(sexuality) によって表現されることを確認した。しかし大切なのは、これらはそれぞれ独立したものではなく、人格的存在としての人間において統合されるべきものである、ということである。それによって私たちは、人間が性的存在として生きている、ということを理解できるだろう。

以前ほど耳にすることはなくなったが、「性同一性障害」(gender identity disorder) という難しい問題がある。「性同一性障害」とは、簡単に言うならば、生物学的・身体的性と自己意識としての性、すなわち「性的指向性」(sexual orientation) が一致していない、ということである。同時にまた、disorder を「障害」と翻訳することがはたして適切なのかどうか、それもまた議論の余地のあるところである。

たとえこのような問題があったとしても、人間は、男性として生きるのか、あるいは女性として生きるのか、そのいずれかを選択して生きていく、という考え方がある。その一方で、自分は男でも女でもない、といった生き方を選ぶ考え方もある。しかしある人は、そのような考え方に対して、そのような人は、性の選択以前に、人間としてのアイデンティティが確認・確立できていないのではないか、と言う。はたして、中間的存在として生きたり、両方を同時に生きたりすることは可能なのであろうか。また、そのような生き方とは、いったいどういったものなのだろうか。

「人間は性的存在である」——その意味は、ただ単に、生物学的に雌であるとか雄であるとかといったことではなく、人間は、何等かの「性」において自らの人格を体現することによって生きる、ということなのではないだろうか。

これまで見てきたように、「性」は、人間にとって決して付帯的なものではなく、むしろ本質的なもの、すなわち、自分が自分であることを可能にしてくれるものである。それゆえ「性」に関しては、さまざまな疑問・問題が生じてくる。例えば、以下のような問いかけが可能かもしれない。

(1) 人間の性は、ただ単に生殖のためだけのものなのだろうか。
(2) 性的欲求は、そもそも、悪いものなのだろうか。
(3) なぜ性的欲求に快楽が伴うのだろうか。
(4) 同時に、性的欲求に後ろめたさを感じるのはなぜだろうか。
(5) 性的関係は、結婚相手だけに限られるのだろうか。
(6) あるいは、愛し合っているなら、結婚に関係なく性的交渉を持っても構わないのだろうか。
(7) 婚前交渉には、何の問題もないのだろうか。あるとすれば、それは何だろうか。
(8) 性的交渉の相手は、異性、同性のどちらでも構わないのだろうか。
(9) 性的関係の相手は、不特定多数でも構わないのだろうか。
(10) 性的関係の体験が多いほど、その人は成熟した人間である、と言えるのだろうか。

これらの問いに、簡潔・明瞭に答えることは容易ではないだろう。しかし、ここでは、次の二つの点を心に留めておきたいと思う。一つは、人間は決して一面的な存在ではなく重層的な存在である、ということ。つまり、一人の人間には、さまざまな様相（生物学的、社会的、倫理的、宗教的、……）が、重層的に関わっている、ということである。もう一つは、このような人間は、常に他者との関係の中で生きている、ということである。

それゆえ性に関する諸問題は、ただ単に、個人の問題として処理できるようなものではなく、常に、他者との関係において受け止めなければならない。二人の人間の性的関係は、それ自体、素晴らしいものである。なぜなら、それによって、お互いをより深く知ることができるとともに、さらにその延長線上には、新たな「いのち」の誕生があるからである。

第2章 関係性としての性

確かに性は、個人的なことがらである。しかし同時にまた、他者との関係における問題でもある。先にも確認したように、性は、ただ単に生物学的な身体だけに関わるものではなく、身心一如の人格的存在としての人間全体に関わる。

自然界には、「秩序」がある。人間は、その自然界の一部である。それゆえ人間の中にも、本来秩序がある。とするならば、人間の性にも、秩序があってしかるべきなのではないだろうか。それゆえ、もしこの秩序を乱すなら、自分個人だけでなく、人間関係そのものまでも傷つけられ、人格的な響き合いは消え去ってしまうだろう。このことは、夫婦間においても言える。

また、性の交わりの延長線上には、新たな「いのち」の誕生の可能性がある。それゆえ、性の考察にあたっては、このいのちの観点を等閑に付すことはできない。その意味で、「性の倫理」と「いのちの倫理」は、その根底において深くつながっている、と言えるだろう。

2・1　性を生きるとは

「ジェンダー・アイデンティティ」（gender identity）という言葉がある。その意味は、「自分の性についての意識が、身体的のみならず、文化的・社会的影響のもとで形成されていくこと」と理解していいだろうか。つまり私たちは、女性あるいは男性として自らを意識し、社会の中でそれに相応しく振る舞い、それに関連して「性の役割」（gender role）を担って行く。

最近ではしかし、「ジェンダー・フリー」（gender free）といった言葉も耳にする。これは、「男女の性に囚われず自分らしく生きよう」と理解して叫ばれることもあるようである。しかしはたして、男でも女でもない性を生きるとは、いったいどういうことなのだろうか。またそもそも、そのようなことが可能なのだろうか、といった意見もある。

2・2　性における秩序

この世界・宇宙あるいは自然界には、「秩序」がある。もしそれがなければ、そもそも、自然科学は成り立たないだろう。人間は、そのような自然の一部である。それゆえ当然、人間の中にも何らかの秩序があるのではないだろうか。だとするなら、人間の性にも何らかの秩序がある、と考えられるだろう。

では、その「秩序」とは、いったい何なのだろうか。一つ考えられるのは、性を、ただ単に自己満足のためだけに用いてはならない、ということであろう。なぜなら人間は、先にも確認したように、他者との関係の中で生きる存在だからである。換言すれば、性を、ただ単に手段として用いてはならない、ということである。

これまでも確認してきたように、人間は人格的存在である。それゆえ他者を、単なる手段として使うことは、カントも語るように、正しいことではない。「人間ばかりでなく、およそいかなる理性的存在者も、目的自体として存在する。すなわちあれこれの意志が任意に使用できるような単なる手段としてではなく、自分自身ならびに他の理性的存在者たちに対してなされる行為において、いついかなる場合にも同時に目的と見なされねばならない(1)」。このことは、二人の人間が性的関係を結ぶ時にも言い得る。性はただ単に、生物学的意味での身体だけに関わるのではなく、身心一如の人格的存在としての一人の人間全体に関わる。残念ながらしかし、このことをきちんと弁えている人は、そう多くはないかもしれない。

人間は、(悲しいかな)、自己中心的で弱い存在である。それゆえ、本来良いものとして与えられている性の意義を忘れ、簡単にそれを傷つけ破壊してしまうことも稀ではないかもしれない。このことは、夫婦間においてもあり得る。夫婦の間なら何でも許される、というわけではない。このことは特に最近、家庭内暴力(ドメスティック・バイオレンス〔domestic violence: DV〕)という言葉で伝えられている。そのような状況においては、性と愛とは分離され、もはや人格と人格との響き合いは聞こえてこないだろう。

2・3 性は何のために

先ほど性は、単なる手段として用いてはならない、ということを確認した。なぜなら、性の交わりにおいては、人格的なコミュニケーションがなされるからである。そこにおいて交換されるのは何だろうか。それは、それぞれが持っている何かではなくその人自身である。だからこそ、お互いに掛替えがないのである。まさにここに、人格の特徴がある。人間の共同体は、単なる群れ、すなわち烏合の衆ではない。そこにおいては、人間としての生活が営まれ、文化が育まれ、またある特定の個人に還元され得ない幸福あるいは「共通善」(common good) が目指される。

先ほど、性の交わりの延長線上には、新たな「いのち」の誕生が予想されることを確認した。しかし性の目的は、ただ単にそのことだけに限定されるのだろうか。以前にも考察したように、聖書によれば、人間は、神にかたどって造られている。

> 神は御自分にかたどって人を創造された。神にかたどって創造された。男と女に創造された。
> (創1:27)

人間は、「神の似姿」(*imago Dei* [image of God]) である、と語られる。しかしこの「神の似姿」とは、いったい何を意味するのだろうか。またいったい、人間のどこが「神の似姿」なのだろうか。これらの問いに、簡潔明瞭に答えることは簡単ではない。しかしここでは、一つのことを指摘しておきたい。それは、この「神の似姿」は、ただ単に人間の精神的な面だけでなく、身体的な面においても表れている、ということである。先にも確認したように、聖書の人間観は、決して「精神と肉体」あるいは「魂と体」といった二元論ではない。また、身体を精神よりも劣ったものとして見ているわけでもない。(2) 先にも引用したが、パウロは、次のように語る。

知らないのですか。あなたがたの体は、神からいただいた聖霊が宿ってくださる神殿であり、あなたがたはもはや自分自身のものではないのです。(一コリント6：19)

夫婦については、後ほど結婚との関係で言及するが、そもそも夫婦の結びつきとは、いったいどのようなものなのだろうか。夫婦の一人ひとりは、確かに、別々の存在である。しかし同時にまた、一体としても捉えられる。

主なる神は言われた。「人が独りでいるのは良くない。彼に合う助ける者を造ろう。」主なる神は、野のあらゆる獣、空のあらゆる鳥を土で形づくり、人のところへ持って来て、人がそれぞれをどう呼ぶかを見ておられた。人が呼ぶと、それはすべて、生き物の名となった。人はあらゆる家畜、空の鳥、野のあらゆる獣に名を付けたが、自分に合う助ける者は見つけることができなかった。主なる神はそこで、人を深い眠りに落とされた。人が眠り込むと、あばら骨の一部を抜き取り、その跡を肉でふさがれた。そして、人から抜き取ったあばら骨で女を造り上げられた。主なる神が彼女を人のところへ連れて来られると、人は言った。「ついに、これこそわたしの骨の骨　わたしの肉の肉。これこそ、女（イシャー）と呼ぼう　まさに、男（イシュ）から取られたものだから。」こういうわけで、男は父母を離れて女と結ばれ、二人は一体となる。（創２：23–24）

「人が独りでいるのは良くない」――これは、とても大切な言葉である。なぜなら、神は天地万物を造られた時、それらを見て「よし！」とされたが、ここで初めて「良くない」という表現が現われるからである。また、「彼に合う助ける者を造ろう」とも語られる。神はあらゆる種類の生物を造ったが、その中のどれ一つとして、人間の伴侶として相応しいものはなかった。彼に「合う」とは彼に「相応しい」（ケネグドー）という意味であり、それは、お互いに向かい合う存在であることを意味する。

また女性は、男性の「助け手」として造られたと言われるが、それは、単なる助手や補助的役割を担う存在といった意味ではない。この点を、多くの人が誤解している。むしろ女性は、男性の最も中心的なところを分かち合う存在として造られている。それが、男性の「あばら骨」から取られて造られた、ということの意味である。このような二人が一体となる。それは、単なる性的結合や精神的単一性を指すのではなく、全人格的な交わりを表している。

人間は、お互いの「間」を共有することによって生きる。一人の人間が生きるにあたっては、さまざまな社会的・文化的、また宗教的影響を受ける。先にも確認したように、性の交わりの延長線上には、新たな「いのち」の可能性もある。この「いのち」の観点から性について考える――それは、極めて大切である。その意味で、「性の倫理」と「いのちの倫理」とは、その根底において深くつながっている。

いのちの体験は、まず家庭において行われる。それゆえ性の確認も、まず家庭の中から行われるのが自然であり、また望ましいであろう。残念ながらしかし、現在は、新たないのちの誕生を、いのちのつながりに関わるものとしての「出産」(procreation)というよりも、人間の手によって自由に操作できる「再生産」(reproduction)として捉えている人も少なくない。

第3章　言語としての性

人と人とのコミュニケーションを可能にするもの――それは、「言語」にほかならない。その際、この言語には、言語（verbal）と非言語（nonverbal）が含まれる。先にも確認したように、性は、自己のアイデンティティを確認するとともに、他者との関係を可能にするものでもある。それゆえ性を、一つの言語として捉えることも可能であろう。人間は、単なる肉体的存在でもなければ、精神的存在でもない。肉体的・精神的、さらには、霊的要素が一つに統合された、あるいは、されるべき存在である。それゆえ真のコミュニケーションは、本来、これら諸要素の適切なバランスにおいてこそ成り立つ、と言えるだろう。

3・1　言語の身体化

先にも確認したように、「性」の考察にあたって、「身体《からだ》」は重要な位置を占める。なぜなら、身体は、一人の人間の「人格」が現れる場であるからである。それゆえ、いわゆる「魂と体」あるいは

「精神と肉体」といった二元論は成り立たない。人間は、この身体によって、自分と他者とを区別すると同時に、他者との交わりへと導かれる。その意味で身体は、私たちにとって一つの「言語」の働きをなしている、とも考えられるだろう。

人間と人間との関係を築くにあたって、「言語」は、必要不可欠である。この場合の言語とは、ただ単に文字や音声として発せられる「言語」（verbal）だけでなく、それ以外の「非言語」（nonverbal）をも含む。例えば、顔の表情や身振り手振りなど、また話すときの声の高さや早さなども含められる。

コミュニケーションは、「言語的コミュニケーション」と「非言語的コミュニケーション」に分けることができる。前者は、文字通り、書かれた文字や話し言葉によるものであり、後者は、話し手のジェスチャー、姿勢、表情、声のトーンなどによるものである。人の思いやメッセージは、実は、後者による方がはるかに相手に伝わる、といった研究結果・報告がある[1]。

人間は、単なる肉体的存在でもなければ精神的存在でもない。むしろ、それらが一つに統合された存在である。それゆえ、私たちのコミュニケーションは、そのいずれかによって成り立つのではなく、それらの不思議なバランスにおいて成り立つ、と言える。少々難しい表現をするなら、真の人間的なコミュニケーションは、人間の心あるいは精神の中にある内的言葉が、感覚を通して外的言葉へと「体現」（embodiment）されることによって成り立つ、ということであろうか。

人間は、他者との関係においてこそ生きる。それを可能にするもの、それがコミュニケーションであり、その媒介となるのが「言語」にほかならない。そのような関係の成立根拠を、聖書は、神と人間との関係に見る。

初めに言《ことば》があった。言は神と共にあった。言は神であった。この言は、初めに神と共にあった。万物は言によって成った。成ったもので、言によらずに成ったものは何一つなかった。言の内にいのちがあった。いのちは人間を照らす光であった。光は暗闇の中で輝いている。暗闇は光を理解しなかった。……。言は肉となって、わたしたちの間に宿られた。わたしたちはその栄光を見た。それは父の独り子としての栄光であって、恵みと真理とに満ちていた。（ヨハネ1：1–5、14）

ここでは、神が「言」として捉えられ、それが肉（すなわち人間）となりこの世に与えられた、と語られる。それによって、神と人間との対話・コミュニケーションが可能となった。これが原点となって、人間同士のコミュニケーションも可能となる、と考えられている。

いずれにしても、人間は、もともと対話的存在であることが理解される。それゆえまた、人間の性も、大切なコミュニケーションの一つとして働く、と言えるだろう。このように、性を一つの言語として捉える考え方は、性の本質を理解するにあたって大変有意義である。

人間の性は、単なる生理的機能ではなく、そこにおいてその人の人格が体現される場である。それゆえ性の意義は、その最も深い意味で、真実の愛の交換においてこそ実現する。性的行為は確かに、そのための大切なコミュニケーションではあるが、それが唯一の表現であるのではなく、あくまでも一つの表現である、と言えるだろう。

性的行為によって、人間は、互いに相手を深く知ることができるだろう。しかし、この場合の「知る」とは、単なる知的レベルでの「知る」ではなく、互いに人格的存在として知り合う、といった意味での「知る」である。それゆえ、「言語としての性」の本来の意味が実現されない場合、単なる「精神主義」(spiritualism)あるいは「身体主義」(corporealism)に陥ってしまう可能性がある。セクシュアリティとしての性は、本来、人間の肉体的・精神的な統合を求める。それはお互いの対話を通して、少しずつ育まれ実現されていく。このように「身体」は、私たちが普段考えているよりも、はるかに大切なものであることが理解されるだろう。

このことは、夫婦の間においても継続される。そこにおいて求められるもの——それが、「創造的忠実さ」(creative fidelity)にほかならない。換言すれば、それは、お互いの信頼であり忠実である。この創造的忠実さは、常に開かれたものである。すなわちそれは、お互いに対して、また二人の成長と新たな「いのち」の誕生に対しても開かれている。女性にとって、妻であることと母であることは、ともに大切なこと。それゆえ、どちらか一方だけが強調されるのは、望ましくない。もちろんこのことは、男性にとって無関係なことではなく、むしろ女性と共に引き受けていかなければならないことである。

3・2　成熟としての性——私はどこに向かうのだろう

「非の打ちどころがないほどうまくできるようになるまで待つならば、人は何もしないだろう。」

（ジョン・ヘンリー・ニューマン　一八〇一—九〇）

はたして、この世に完全な人がいるだろうか。もしいるとするなら、それはいったい、どのような人物なのだろう。おそらくそのような人は、昔も今もそしてこれからも、存在しないだろう。私たちはみな、不完全な人間である。換言すれば、何らかの弱さや欠点を持った存在である。しかしだからといって、私たちには何の成長や進歩の可能性もない、といった意味ではない。人間は本来、少しでもより良い人間となるために生きている。ある人は、このような考えに対して、それは単なる幻想である、と鼻でせせら笑うかもしれない。しかし、はたしてそうだろうか。

人間の成長は、いつも発展途上にある。それゆえ、「これで完成！」といった到達点に達することはないだろう。「人間は努力するかぎり迷うものだ」（*Es irrt der Mensch, solang er strebt.*）とは、ゲーテの有名な言葉。試行錯誤するということは、その人が、誠実に生きていることの証と言ってもいいだろう。

私たち自身がそうであるように、私たちの性もまた、成長のプロセスにある。それゆえ、性についての理解もまた、その人の人間としての成長に従って深められていく。ただ問題となるのは、私たちの身体の成長と精神・心の成長とは必ずしも一致しない、ということである。それは、私たちの経験を振り返れば明らかだろう。身体はすでに大人なのに中身はまだ子供、といったことは、私たちの周りによく見られるところであるし、また自らも体験するところであろう。

性の本質の一つは、「自らを与えることによって関わること」（commitment）にある。次章の「性と結婚」においても言及するが、人間は、自らを与えることによってこそ成長する。換言すれば、それは、「自己実現」（self-realization）あるいは「自己陶冶」（self-cultivation）と言われるものである。不思議なことに、私たちは、自らを与えれば与えるほど、人間としての深まりを体験する。

先ほどから「成長」という言葉を使っているが、この成長は、無目的あるいは無秩序なものではない。むしろ、その反対である。その目指すところは、人間としての「幸福」にほかならない。「私は不幸になりない。そのために今日も一生懸命生きている！」――そのような人物に出会うことは、おそらくないだろう。「幸福」を目指すことは、（たとえそれが無意識であっても）人間にとって自然なことである。ただ、「何を幸福とするか」といった点で、さまざまな幸福観は出てくるだろう。

あるいはまた、抽象的な表現になるが、人間は本来「善」を目指している、と言うこともできる。この場合の「善」とは、ある一人の人間にとっての善ではなくて、それによってすべての人が幸せになれるような善である。それを「共通善」（common good）と言う。個々の善は、この「共通善」に与《あずか》ることによって、それぞれの「善さ」が与えられる。このようなことが言えるのは、人間が、共同体的・社会的な存在だからである。それゆえ、周りを省みない個人主義は、そもそも、人間としての生き方に矛盾を孕んでいるのである。

同様に、私たちの「性」もまた、ただ単に個人あるいは二人の関係において完結するものではなく、周囲の人との関係の中で育まれ成長するもの、と言えるだろう。

第4章 性と結婚

先にも述べたように、性をどう捉えているか、それによって、その人がどういう人であるかが、だいたい推し量られる。たとえ性の深い意味が分からなくても、私たちは、性との関わりと共に生き、成長・成熟して行く。この性を、さらに、〝三つのC〟の観点から考察することによって、新たなヒントが与えられるかもしれない。すなわちそれらは、「(誠実な)関わり」(commitment)「心の通い合い」(communication)、そして「共に生きること」(communion)である。これらが集約された形で見出される場——それが、結婚であり夫婦関係ではないだろうか。

4・1 人生に対する問いと結婚の意義

「自分は何のために生きているのだろう」「どうして自分にはいのちが与えられているのだろう」「なぜ自分は、あの両親のもとで、あの時あそこで生まれたのだろう」——おそらく、程度の差はあるだろうが、多くの人が、これらの問いを抱いたことがあるのではないだろうか。難しい表現に置き換えるなら、「人生の意義は何なのか」だろうか。このような問いかけに対して、真摯にそれらを受け止める人もいれば、「そんなものはない」と言って、初めから等閑に付す人もいるかもしれない。

「性」に関する問題は、実は、このような問いかけと大変深いつながりがある。私たちの人生は、ただその時その時が楽しければそれでいいのだろうか。あるいは、たとえ労苦の中にあっても（それだからこそ）、何か生きる意義を目指して生きるべきなのだろうか。いずれにしても、生身の身心を持った私たちにとって、「性」は、それ自身問題として迫ってくる。

4・2 世界は二人のために？

出会いの確率

現在、この地球上には、およそ八〇億人の人間が生きている、と言われる。そうすると、自分は、数字の上からは、八〇億分の一の存在であり、自分が出合う人もまた八〇億分の一の存在である。そして、この二人の出会いの確率はと言えば、八〇億分の一×八〇億分の一＝？となる。この数字は、限りなくゼロに近い数字である。見方を変えれば、出会わなかった確率は、ほぼ一〇〇％となる。これはいったい、何を意味しているのだろうか。この事実を単なる偶然と見て受け流すか、あるいは、その背後に何かもっと深いものを見るのか、それによって、その人の人間としての状態《ありかた》や人生は大きく変わってくるだろう。山本周五郎は、彼の一つの短編小説『初蕾』の中で、次のように語っている。

幾十万といる人間の中から、一人の男と女が結びつくということは、それがすでに神聖で厳粛だ、好きなうちは逢うが飽きたら分かれる、いかにも自由に似ているがよくつきつめてみろ、人間を野獣にひき下げるようなものだ。(1)

社会的存在としての人間

「人間は社会的存在である」――これは、古の哲学者から今日の多くの人に至るまで、言い伝えられてきた言葉である。換言すれば、「人間は関係的存在である」となるだろうか。つまり人間は、自分一人で生きることはできず、必ず（自分の意志とは直接関係なく）他者との関係の中で生きているのである。これは、人間の本性であり事実である。

人間がそのような存在であるなら、結婚もまた、当然社会的な枠組みの中で考えられるべきもの、と言えるのではないだろうか。しかしそれは、決して人間の自由を拘束するものといった意味ではなく、社会が社会として健全に存在するために必要不可欠なことなのである。それゆえもし、「結婚は二人だけの問題だから、社会の慣習などは考慮する必要がない」と考えるなら、それは、極めて浅薄な考えと言わざるを得ない。結婚するに当たっては、やはり、周囲から祝福されるに越したことはないだろう。

結婚相手として一人の人を選ぶ――これはすなわち、他の人との結婚は諦めるということでもある。（まだこれから、もっと素敵な人と出会うかもしれない……）という可能性は、確かにあるだろう。しかし、そのように考え、理想的な相手を探し求め続けるならば、おそらく、生涯結婚する機会は訪れないだろう。

社会的なできごと

性の考察にあたって、結婚は、大切な問題の一つである。ここでは結婚の歴史的・文化的背景については述べないが、一つのことを確認しておきたい。それは、結婚においては、確かに当事者二人が中心的位置を占めるだろう。しかし結婚は、ただ単に二人だけの問題ではなく、共同体的・社会的なことがらでもある、ということである。また世界には、今もなおさまざまな結婚の形態があるかもしれないが、ここでは一般的な形態として、一夫一婦制における結婚について考えてみたいと思う。

結婚式は単なる儀式に過ぎない、と考える人がいる。しかし、はたしてそうだろうか。人間は、自分一人では決して生きてはいけない存在であるし、再三確認しているように、社会的存在でもある。つまり、一人の人間の行為は、何らかの形で周りに影響を与える。私たちは、ある社会に生まれ、その社会の中で成長していく。その成長の節目節目には、さまざまな儀式がある。それが、文化である。文化は、長い時間をかけて育まれた人間の知恵の所産である。

二人の人間が共に暮らす——これは、いったい何を意味するのだろうか。二人が、それなりの段取りを踏んで一緒になるとき、「夫婦」と言う。お互いに自分の都合のいい時だけ一緒にいる、それは、真の意味での夫婦はないだろう。夫婦は、家族の最初の形態。夫婦も家族も、単なる共同生活ではない。そこには、それ以上の意味がある。それはいったい何だろうか。

夫婦は、楕円に例えることができるかもしれない。楕円には、二つの中心がある。夫婦においてそれらは、それぞれの尊厳をもった人格である。それらがまったく同じものになることはない。大切なこと——それは、お互いの中心を尊重し合い、お互いが響き合う適切な距離を確認することではないだろうか。

私たちは、自分が思っているほど確かな存在ではない。つまり、自分の意志や予想に反して変わり得るのである。これは、良いとか悪いとかといった問題以前の事実である。そのような不確かな人間同士が共に暮らす時、そこにはより確かなものが求められる。ただ単に、一時的な感情だけでは、とてもまかないきれないだろう。「好きな人と一緒にいたい」——この思い自体は、決して悪いものではない。しかしそれだけでは、二人のこれからの生活の持続性は、保たれないだろう。そこで求められるものは、単なる感情ではない。なぜなら、感情には持続性がないからである。大切なのは、「相手は自分に何を与えてくれるだろうか」といった思いではなく、「自分は相手に何を与えることができるだろうか」といった誠実な心である。相手に「ああしてほしい、こうしてほしい」と求めるだけならば、早晩、相手に対して不平・不満が募ってくるだろう。しかしそれとは逆に、「自分は相手に何ができるだろうか」ということを第一に考えるならば、事態は変わってくるだろう。

結婚は、確かに、当事者の二人が中心的位置を占める。しかし同時にまた、ただ単に二人だけの事柄ではなく、一つの公の「制度」(institution)でもある。制度と聞くと、何か人間の自由を拘束する否定的なものとして理解する人もいるかもしれない。しかし、はたしてそうだろうか。社会的存在としての人間の生活が、何の制度もなしに成り立つのだろうか。制度については、改めて、再評価・再吟味が必要だろう。制度は本来、無機質な組織・枠組みを意味するのではなく、望ましい人間関係を支えるべきものではないだろうか。それゆえ結婚も、このような観点から改めて捉え直すことが必要なのではないだろうか。

4・3 生き方の決断

結婚の誓い

「結婚の誓い」というものがある。例えば、次のようなものである。

わたしたちは夫婦として、
順境にあっても逆境にあっても、
病気のときも健康のときも、
生涯、互いに愛と忠実を尽くすことを誓います。

人間は、何らかの時「誓い」をする。しかしそもそも、誓いとはいったい何だろうか。誓いにおいて、私たちは、何をしようとしているのだろうか。誓いは、未来に向けて、今、自らが何らかの決断を表明することである。将来のことだから、絶対それを確実に行える、といった保証はない。ただできるのは、その誓いの言葉に対して自分は誠実でありたい、ということの表明であろう。
しかし人間は、たとえ誠実であろうとしても、必ずしもいつもそれができるわけではない。極めて不確かな存在である。そのような人間の誓いが、揺るぎないものであるはずはない。それゆえ、それが揺るぎないものであるためには、そのための揺るぎない後ろ盾がどうしても必要となる。結婚式での誓いは、（ほとんどの人は意識していないだろうが）実は、この揺るぎないものに向かって立てているのである。

離婚

しかし人間は、理屈だけで生きていくことはできない。「誓い」の時の誠実な心も（悲しいかな）、弱まったりあるいはほとんどなくなったりすることもあり得るだろう。あるいは、結婚して初めて、それまで気づかなかった相手の実態を知ることもあるだろう（例えば、ＤＶなど）。そのような時は、結婚の解消を考えることもあり得るかもしれない。簡単に別れることは問題だが、何が何でも一緒にいなければならない、ということでもないだろう。なぜなら、お互いの誠実な関係が修復できない状態になってしまった時、そこにはもはや、結婚の本来あるべき姿はないからである。

ここで、先に紹介した結婚において求められる〝三つのＣ〟を思い起こしたい。すなわち、「（誠実な）関わり」（commitment）「心の通い合い」（communication）、そして「共に生きること」（communion）である。もし、お互いに、最初の「（誠実な）関わり」を確認できなくなったなら、「心の通い合い」も「共に生きること」も成り立たなくなるだろう。

子は鎹？

「子は鎹《かすがい》」という言葉がある。鎹とは、「建材の合せ目をつなぎとめるために打ち込む両端の曲がった大釘」（『広辞苑』第七版）のこと。そこから、夫婦をつなぎとめるものとして、子供が考えられる。それゆえ、この言葉の意味は、「子に対する愛情が鎹となって、夫婦の間が融和され、夫婦の縁がつなぎ保たれる」ということになる。肯定的にこの言葉を理解するなら、〈なるほどな〉と思うが、否定的に解釈するなら、何か子供が犠牲になっているように考えられるかもしれない。いずれにしてもしかし、現在では、この表現が語られることはほとんどないだろう。落語に、「子は鎹」を捉えたものとして、「子別れ」という話がある。

大工熊五郎は酒と女にだらしないので、愛想を尽かした女房は子どもの亀吉をつれて家を出た。改心した熊五郎はまじめに働きだし、ある日、愛児亀吉と会ったのでこづかいをやる。母は亀吉が盗んだ金と思い、正直に言わぬと金槌で打つと責めるので、亀吉は父に会った事実を話し、それがきっかけで夫婦和解になる。子どもは夫婦のかすがいだと聞いた亀吉は、〈だから、おっかさんが、あたいの頭を金槌でぶとうとしたんだ〉〔と言う〕。（『世界大百科事典』）

キリスト教における結婚

キリスト教（カトリック）において、結婚には、伝統的に次ようなの三つのことが求められてきた。

一夫一婦制、他の異性と性的関係を持たないこと、そして永続性である。これは、お互いのお互いに対する忠実な心が大切にされてきたからである。

もし、夫婦のいずれか（あるいは両者）が、それ以外の異性と性的関係を持っても構わないとしたら、いったいどうなるだろうか。開かれた結婚こそが望ましいと考えられ、かつて、夫婦のいずれか（あるいは両方）が、他の異性と性的関係を持っても構わない、と提案されたことがあった。しかし、これを提案した人々は、数年後、その提案を廃棄した。なぜならそれが、非現実的で役に立たないことだとわかったからである。

一夫一婦制が大切にされるのは、そこにおいて初めて、二人の誠実な関わりが成り立つからだろう。この関係は、お互いに対して開かれたものであるが、同時にまた、第三者の介入は許さないといった、ある意味での排他性もある。なぜ不倫が許されないのかと言えば、それは、単なる感情の問題ではなく、二人を結ぶ誠実な関係を壊すことになるからである。言い換えれば、それは、相手の人格を否定することに他ならない。そのような状況に対して、怒りや悲しみを覚えるのは、人間として自然なことであろう。

「結婚とは何か」――その深い意味は、二人が直ちに見出すことのできるようなものではないし、また実現できるものでもない。むしろそれは、長い時間を共に過ごすことによって、二人に与えられるものなのではないだろうか。結婚式において、「互いに愛と忠実を尽くします」と誓う時の「愛」とは、ただ単に「好き」といったレベルのものではなく、もっと忍耐の要ることではないか、と思う。

パウロは、次のように語る。

愛は忍耐強い。愛は情け深い。ねたまない。愛は自慢せず、高ぶらない。礼を失せず、自分の利益を求めず、いらだたず、恨みを抱かない。不義を喜ばず、真実を喜ぶ。すべてを忍び、すべてを信じ、すべてを望み、すべてに耐える。愛は決して滅びない。（一コリント13：4−8）

独身と貞潔

現代は、晩婚化あるいは独身生活を続ける人が増えている。当然そこには、それ相応の理由はあるだろう。ここでは、「独身」と「貞潔」という二つの言葉について考えてみたい。『広辞苑』によれば、独身とは、「①自分一人であること。単身。②配偶者のないこと。また、その人。ひとりもの」。貞潔とは、「みさおが固く、行いの潔白なこと」と説明されている。以下、もう少し詳しく見てみたい。

「独身」（celibacy）――もちろん、このような生活を送るにも、さまざまな理由があるだろう。しかしここでは、ただ単に結婚しないといった消極的な意味でのそれではなくて、あえてそのような生活を選ぶ生き方について触れてみたい。特にそれは、宗教的生活に関わるものであるが、ここではキリスト教、特に、カトリックにおける一つの生活形態としての「独身生活」について言及したい。カトリックの司祭（普通の生活の中では、親しみを込めて、〝神父〟と呼ばれる）は、司祭になる時（その時の式を〝叙階式〟と言う）、「独身の誓い」を立てる。これは私的に、また期限付きで立てるものではなく、「公のものとして、また生涯に渡るものとして」誓う。それゆえ、現在結婚相手がいないから、あるいはその気持ちもないし、経済的にも困っていないからといった理由で、自分の意志で立てるものとは本質的に異なる。

もう一つは、「貞潔」（chastity）である。「貞潔」と「独身」とは、似て非なるものである。カトリック信者の中には、修道者という独特の生活の状態《ありかた》を選択・決断する人々がいる。男性なら修道士（ブラザー）、女性なら修道女（シスター）と呼ばれる。彼らは、自分が入会した修道会で、三つの誓いを立てる。すなわち、「清貧」（poverty）「貞潔」（chastity）、そして「従順」（obedience）である。ここでは詳しく述べることはできないが、この「貞潔」においても、先の司祭が立てる「独身」の誓いと同様に、二つの特徴を指摘することができる。それは、「公の誓い」（public vow）であり、また「永遠の誓い」（perpetual vow）である。このような生き方を選び取る人は、確かに多くはない。しかし、だからこそかえって、そのような生き方が、何か人間としての大切なものを表すシンボルとなり、影響を与えることはある。

このような「貞潔」の本質は、しかし、修道者だけに限られるものではないだろう。すなわち、結婚生活を送る人にとってもそれは大切な徳なのである。つまり、貞潔の中心は、自分自身の性に対して、また相手の性に対して、真摯な態度を取ることにあるからである。夫婦が一心同体であると言っても、それぞれは、別々の人格を持った人間である。それゆえ、性的関係においても、それぞれの尊厳は尊重されるべきであるし、またそれによって貞潔は真の意味を持つ。二人の間の開かれた関係は、この「貞潔」によって、いっそう大切なものとして理解される。貞潔は、ただ単に身体的な接触を拒否・排斥する、といった意味ではない。なぜなら人間は、そもそも身体的存在として、個々のいのちが与えられているからである。人間は、身体から解放されることによってではなく、むしろ、身体を生きることによってこそ、真の人間として成長する。

このような生き方は、単なる一時的な感情によって可能となるものではない。なぜなら、感情には安定した継続性・持続性はないからである。それゆえそこには、分別、すなわち理性的な弁えが求められる。私たちは、自分の人生の方向を見定めなければならない。もちろん、人間であるから、将来のことをすべて見通すことはできないし、またそれはあり得ないだろう。そうではなくて、自分に与えられたいのち・人生を、どのようにしたら真に意味のあるものとして生きることができるのか、その問いかけに対する真摯な態度が求められるのである。

4・4 性の多様性

同性間の性的関係

同性間の性的関係について、私たちは、どのように考えることができるだろうか。まず確認しておきたいこと——それは、このことについての短絡的な倫理的是非は控える、ということである。人間の生き方は、具体的である。それゆえ、人間関係は、たとえ似通った点があったとしても、個々別々である。それぞれを落ち着いて丁寧に見なければならない。性急な判断は、裁きとなる。それはまた、本来多様性の一致を目指すべき共同体に分裂をもたらすことになるだろう。

また、同性への「性的指向」(sexual orientation)とその行為とは、端的に同じものではない、ということを弁えておかなければならない。異性間における性的関係は、新たな「いのち」の誕生へと開かれている。一方、同性間の性的関係においては、自然的には、それはない。しかしだからといって、そこには何の人格的関係もない、とは言えないだろう。私たちが弁えておきたいこと——それは、どんな人であっても、その人を裁くことはできないということ。またどんな人であっても、私たちの社会・共同体から排斥してはならないということである。簡単に答えを見出すことはできないかもしれない。しかし大切なのは、一人ひとりには、人格的存在としての人間の尊厳があり、それは決して侵してはならない、ということの確認である。

LGBTQは何を問いかけるのか

ＬＧＢＴＱ（レズビアン、ゲイ、バイセクシャル、トランスジェンダー、クィア）という表現は、これまで以上に人口に膾炙している。しかしそれはいったい、何を私たちに語りかけているのだろうか。ここでは次の三点に注目してみたい。まずこれらは、十把一絡げにして語ることはできない、ということである。なぜなら、それらが抱えている問題は、それぞれ異なっているからである。次にしかし同時にまた、一つの共通点もある。それは、もしこれらが原因となって、ある人の権利が無視されたり、あるいは差別の対象となったりするなら、それは人間の尊厳を傷つけることになる。そして、それぞれが抱える諸問題は、単なる個人的問題に還元することはできないということ。つまりそれらは、同時にまた、共同体的・社会的問題でもあるのである。

多様性は、本来、矛盾・対立を意味しない。しかし、真の多様性の善さは、多様性における一致にこそある。それによって、私たちは、お互いの存在意義に気づかされるとともに、多様性における一致としての共同体へと育まれるのである。

性的指向と人権

性的指向は、所与としての一つの現実である。それゆえ、ある人の性の現実が軽視されたり無視されたりするなら、それは、一つの人権侵害にほかならず、ひいてはその人の尊厳を傷つけることになる。教皇フランシスコは、二〇二三年一月二三日、バチカン広報室でのインタビューにおいて、次のように語った――「性的指向は犯罪でも罪でもなく、人の性のありようや条件の一つである」。

S・クナウス（Stefanie Knauss）は、次のように語る。「異性愛を規範とすることは、人間関係の社会的あり方や相続などの法規、そして自由と人権と社会正義の実現に、大きな影響を及ぼしている(2)」。彼女によれば、「クィア理論は、西洋的な二分法の思考（男性／女性）と、そこに由来する性的態度の規範（異性愛）が、人間によって構築されたものであることを暴くという問題意識を示す言葉である(3)」。すなわち、このような二分法的思考に固執するがゆえに、現実の多様性を捉えることができず、ひいては差別を生み出すのであろう。

また日本国憲法においても、基本的人権の不可侵性について明言されており（第一一条）、それに対する尊重の意義について語られている（第一三条）。一人ひとりは、掛替えのない存在として、尊重されなければならない。多様性の大切な意義の一つは、ここにある。

性の決定の曖昧さ

自然界において、明確な性の区別を持っている生物は少ない、と言われる。[4] 例えば、環境の変化によってオスからメスへ、あるいはメスからオスへ、と変わるものもあれば（魚類）、孵化する時の温度によって、性が決定されるものもある（爬虫類）。人間を一つの種としてこの延長線上に位置づけるなら、同様のことが言えるだろう。もちろん、人間の性は、それに尽きるようなものではなく、ユニークな特徴を備えているが（人格としての性）。

人間は、二二対の通常の染色体に加えて、一対二本の性染色体を持っている。それによって、人間は、男女の区別がなされる。つまり、XXなら女、XYなら男となる。しかし実際は、XXで男になることもあれば、XYで女になることもある、という報告もある。[5] つまり、人間の性は、ただ単に遺伝的要因だけによって決定されるわけではないのである。さらに人間は、受精後七週くらいまでは「性的両能期」と呼ばれ、まだ男女の区別はなく、八週目になってようやく男性への分化が始まる、と言われる。

教皇フランシスコの思い

ホルヘ・マリオ・ベルゴリオが、教皇フランシスコとなって一〇年の月日が流れた。彼は、二〇一三年、ブラジル訪問の帰途、次のように語った。「本人が良心に従って神のみ旨を探し求めているとすれば、どうして私にその人を裁く資格があるでしょうか」。また、こうも語る。「私には、誰をも教会から追い出す権利はない」。

私たちが、何かについて判断を求められる時、その時の根本基準は、イエスの語る福音、すなわち愛徳（charity）にほかならないだろう。これに基づくことによって、その他のことは相対化される。すなわち、たとえ同様の行為であっても、その意味は、その行為がどのような文脈・背景においてなされたのか、それによって変わり得るのである。それゆえ、フランシスコは、『愛のよろこび』において、ある人について何らかの判断が求められる時、決してその人の性的指向ではなく、その人の人間としての尊厳そのものに注意を向けることの大切さを強調する。(6)

彼のこのような思いに関して、J・マシアは、同性婚を巡る問題に触れながら、次のような四つのポイントを指摘する。(7) (1)「同性婚の方々」の尊厳と権利を尊重すること。(2)その良心的な識別を尊重し、裁かないこと。(3)すべての差別やヘイトスピーチなどを拒否すること。(4)教会の中で受け入れ、誰も教会から排除しないこと。

フランシスコはまた、次のようにも語る。「善意の人で神を求めている同性愛者を、私たちが裁くことができるでしょうか」。「信仰者が罪を告白すれば、神はその人の罪を赦す。同性愛的傾向を持っていても、神を信じて正しく歩もうとするならば、私にはその人たちのことを裁けない」。

愛徳による一致

私たちは、どこに自らの立ち位置を定めたらいいのだろうか。現実において出会うケースは、実にさまざまでデリケートである。しかしそのような現実にあって、最も大切なこと——それは、人格的存在としての一人ひとりの尊厳を守ることである。さまざまな権利は、そのためにこそある。そして、このことを最も深い意味で可能にするのが、愛徳にほかならない。

ある時、シモンというファリサイ人が、イエスを食事に招いた。そこには、〝罪深い女〟と呼ばれる女性も同席していた。彼が、彼女のことを不快に思っていると、イエスはこう語った――「この人が多くの罪を赦されたことは、わたしに示した愛の大きさで分かる。赦されることの少ない者は、愛することも少ない」。この物語は、以下のように語られる。

あるファリサイ派の人が、一緒に食事をしてほしいと願ったので、イエスはその家に入って食事の席に着かれた。この町に一人の罪深い女がいた。イエスがファリサイ派の人の家に入って食事の席に着いておられるのを知り、香油の入った石膏の壺を持って来て、後ろからイエスの足もとに近寄り、泣きながらその足を涙でぬらし始め、自分の髪の毛でぬぐい、イエスの足に接吻して香油を塗った。イエスを招待したファリサイ派の人はこれを見て、「この人がもし預言者なら、自分に触れている女がだれで、どんな人か分かるはずだ。罪深い女なのに」と思った。……。〔イエスは〕女の方を振り向いて、シモンに言われた。「この人を見ないか。わたしがあなたの家に入ったとき、あなたは足を洗う水もくれなかったが、この人は涙でわたしの足をぬらし、髪の毛でぬぐってくれた。あなたはわたしに接吻の挨拶もしなかったが、この人はわたしが入って来てから、わたしの足に接吻してやまなかった。あなたは頭にオリーブ油を塗ってくれなかったが、この人は足に香油を塗ってくれた。だから、言っておく。この人が多くの罪を赦されたことは、わたしに示した愛の大きさで分かる。赦されることの少ない者は、愛することも少ない。」（ルカ7：36–40、44–47）

4・5 まとめ

人間における性は、ある意味で、そこにおいて「人間の尊厳」が現れる場である。換言すれば、それは、「人格としての性」と呼び得るものである。それゆえ人間の性は、一人の人間にとって、決して付帯的なものではなく、むしろ、その本質に根差している、と言える。このような性は、「セックス」(sex)としての性、また「ジェンダー」(gender)としての性のレベルに留まらず、「セクシュアリティ」(sexuality)としての性において、より広くまたより深く理解され得るものである。一人の人がどのように性を理解・受容しているか、またその人がどういう人物であるか、両者の間には相関関係がある、と言えるだろう。すなわち、性を真摯に受け止めている人はやはり真摯な人であり、逆もまた同様である。このことを、この第三部では、以下のような四つの観点から考察を進めてきた。すなわち、「人格としての性」「関係性としての性」「言語としての性」、そして「性と結婚」である。

【コラム4】……………いのちと美

いのちの本質は、極めて素朴であると同時に、無限の様相を帯びている。素朴であるとは、すべてのいのちは、〝いのちそのもの〟に基づくということであり、無限の様相を帯びているとは、いのちはさまざまな形で現れるということである。

いのちには、生来、〝美〟への憧れがある。換言すれば、いのちのベクトルは、美へと向かっているのである。この場合の美とは、真・善・美が一つとなったときの美にほかならない。美は、例えば、感性的・知的・霊的次元から捉えることができるのではないだろうか。感性的とは感覚によって、知的とは理性によって、そして霊的とは魂あるいはいのちによって、という意味である。しかしそれぞれの間には、次のような二つの共通点を見ることもできるであろう。一つは、あらゆる美の根源には秩序がある、ということ。この場合の秩序とは、調和、安らぎ、そして平和である。次に、人間が、何らかの対象を美しいものとして捉えるとき、両者の間には共鳴・響き合いがある、ということである。

美の深まり

今道友信は、人間が〝美〟を感じる場合、段階あるいは深まりのような過程があると語る[1]。それによれば、まず、美しいものに反応する感覚がなければ美を捉えることはできない。しかし人間は、ただ単に「きれい」と感じるだけにとどまらず、その感覚に深みが増すにつれて、精神的にもそれを味わうことができるようになる。換言すれば、美は、「きれい」といった単なる感性のレベルを超えて、より深い次元で捉えることが可能なのである。そこにおいて捉えられる美とは、おそらくいのちが、そこにおいて真の安らぎを得ることのできる、そのような人間の生き方において現れるものではないだろうか。

〝美〟という文字

〝美〟という文字は、「羊」と「大」によってなっている。「羊」には「犠牲として捧げる」という意味があり、それに「大きい」という字が加わることによって、美という文字になる。すなわち、美には最大限の犠牲を伴う、という意味があるのだろう。人間関係において犠牲を払うとき、無私の心あるいは献身的な心で相手に仕えるということであろう。それによって、美は生まれる。このように美は、最終的には、一人の人間の生き方そのものによって生まれてくるものとも言い得るだろう。

イエスは、自らの中に何も留保することのない人生を生き切った。それゆえ、そこにおいて神の思いは余すところなく現れ、〝いのちそのもの〟は輝き、人びとにいのちを与えることになった。「あなたがたの中で偉くなりたい者は、皆に仕える者になり、いちばん上になりたい者は、皆の僕になりなさい。人の子が、仕えられるためではなく仕えるために、また、多くの人の身代金として自分のいのちを献げるために来たのと同じように」（マタイ20：26–28）。

「人に仕える」ということについて、イエスは、最後の晩餐の席において模範を示した。すなわち、彼は、身をかがめて弟子たちの足を洗った。人の足を洗うという行為は、当時、最も身分の低い奴隷の仕事とされていた。イエスが身をもって示されたこと——それは、へりくだることの意味と人に仕えることの大切さにほかならない。その後で、彼は語る——「互いに愛し合いなさい」。これは、いわばイエスの遺言であり、同時にまた、父と子と聖霊の交わりへの招きでもある。なぜなら、「神は愛」（一ヨハネ4：8）だからである。

愛は、決して抽象的なものではない。むしろ、必ず具体的な行為によって体現されるべきものである。また、一人ひとりの多様性を大切にしながらも、すべての人を一つにする。

〝仕え合う〟ことと〝愛し合う〟こと――これらは、本来、一つのことであり、またそうあるべきである。互いに仕え合うことによって、私たちは、真の「仕合せ」へと招かれる。

さて、イエスは、弟子たちの足を洗ってしまうと、上着を着て、再び席に着いて言われた。「わたしがあなたがたにしたことが分かるか。あなたがたは、わたしを『先生』とか『主』とか呼ぶ。そのように言うのは正しい。わたしはそうである。ところで、主であり、師であるわたしがあなたの足を洗ったのだから、あなたがたも互いに足を洗い合わなければならない。わたしがあなたがたにしたとおりに、あなたがたもするようにと、模範を示したのである。……。あなたがたに新しい掟を与える。互いに愛し合いなさい。わたしがあなたがたを愛したように、あなたがたも互いに愛し合いなさい。（ヨハネ13：13–15、34）

秩序における美

すべての〝美〟の根底には、秩序がある。換言すれば、秩序のあるところに美は存在するのである。この秩序は調和であり、個人においては安らぎ、共同体・社会においては平和である。古代キリスト教世界において、最も傑出した哲学者・神学者の一人であったアウグスティヌス（三五四–四三〇）は、平和とは「秩序の静けさ」（*tranquillitas ordinis* [tranquility of order]）である、と語った。秩序があるところ、そこには必ず静けさがあり、それが平和の本質にほかならない。それゆえ、私たちが平和の実現を目指そうとするならば、まず、自己自身の心の中に安らぎを整え、家族をはじめとした共同体・社会における平和の構築を目指すといった段取りが求められるであろう。

美への憧れ

いのちには、生来、〝美〟への憧れがある。このことについて、辰巳芳子は次のように語る。

やっぱりいのちですよ。美というものはなんのためにこの世に存在するのかを考えるとき、いのちの問題に直面します。人間は誰しも抽象的にいのちの意味を探そうと考え、何かを追い求めるものです。「なぜ自分は生きるのか?」「いのちはどういうものなのか?」そのことはだれもが考えられるものではないかもしれません。にもかかわらず、私たちは自分のいのちを自然に完成させようとするんです。私は、それを手引いてくれるのが美の存在だと考えています。美に憧れ、美を追い求めることで、自然に自分のいのちを完成させやすいのではないか。そう思っています。(2)

自然の美の彼方へ

日本人の美的感覚には、確かに、独特のものがある。とりわけそれは、自然に相対する時に現れる。日本の自然・風土が影響していることは、否定できないであろう。四季の移ろいは、良くも悪くも物事の考え方にも影響を及ぼす。日本人は、一般的に、淡い美しさや繊細な美しさを捉えることはできる。しかしその一方では、論理的に物事を考えることや根拠を問うことはあまり得意としない。それゆえ例えば、聖書の語る創造論などは理解に苦しむ人も少なくないであろう。次に引用する「知恵の書」は、そのあたりのことを巧みに描いている。

神を知らない人々は皆、生来むなしい。
彼らは目に見えるよいものを通して、
存在そのものである方を知ることができず、
作品を前にしても作者を知るに至らなかった。
かえって火や風や素早く動く空気、
星空や激しく流れる水、
天において光り輝くものなどを、
宇宙の支配者、神々と見なした。
その美しさに魅せられて
それらを神々と認めたなら、
それらを支配する主が
どれほど優れているかを知るべきだった。
美の創始者がそれらを造られたからである。
もし宇宙の力と働きに心を打たれたなら、
天地を造られた方がどれほど力強い方であるか、
それらを通して知るべきだったのだ。
造られたものの偉大さと美しさから推し量り、
それらを造った方を認めるはずなのだから。
とはいえ、この人々の責めは軽い。
神を探し求めて見いだそうと望みながらも、

彼らは迷っているのだ。
造られた世界にかかわりつつ探求を続けるとき、
目に映るものがあまりにも美しいので、
　外観に心を奪われてしまうのである。
だからといって彼らも弁解できるわけではない。
宇宙の働きを知り、
それを見極めるほどの力があるなら、
なぜそれらを支配する主を
　もっと早く見いだせなかったのか。（知恵13：1–9）

緑——いのちの色

染色家の志村ふくみは、『色を奏でる』という著書の中で、いのちと色との関係について以下のように語っている。

草木の染液から直接緑色を染めることはできない。この地上に繁茂する緑したたる植物群の中にあって、緑が染められないことは不思議である。植物染料の中でたった一つ、神は大切なものを忘れたのであろうか。

……（中略）……

緑の色は直接出すことができないが、そのかわり、青と黄をかけ合わせることによって緑が得られる。すなわち、藍甕《あいがめ》に、刈安《かりやす》・くちなし・きはだなどの植物で染めた黄色の糸を浸けると、緑が生まれるのである。ほかの色は色が染まるというのに、緑のときだけはなぜか生まれるといいたくなる。みどり児の誕生、甕から上ってきた緑色に思わずそういいたくなるのはなぜだろうか。
やはり緑は生命と深いかかわり合いをもっていると思う。生命の尖端である。生きとし生けるものが、その生命をかぎりなくいとおしみ、一日も生の永かれと祈るにもかかわらず、生命は一刻一刻、死にむかって時を刻んでいる。とどまることがない。その生命そのものを色であらわしたら、それが緑なのではないだろうか。

……（中略）……

もう一つの不思議は、藍甕の中に白い糸を浸すとはじめは茶がかった色であるが、竹の棒でキリキリと絞りあげて、手の力を抜いた瞬間、空気にふれた部分から、目のさめるようなエメラルド・グリーンに染め揚ってゆく。とみる間に目の前のエメラルド・グリーンは消えて、縹《はなだ》色が生まれる。わずか数秒の間の変身である。あのひき揚げた瞬間の緑はどこに消え去るのだろう[3]。

すべての色は、自然界から取り出すことができる。しかし、ただ一つだけ例外が在る、と言う――それが緑。この緑は、藍と黄とを掛け合わせることによって生まれる。だがその緑は、目のさめるようなエメラルド・グリーンとなりながらも、その輝きは長くは続かない。これは、いのちの儚さか。藍は闇を、黄は光を意味する、と言う。いのちは、光と闇の間に生まれる。

オイコノミアにおける美

オイコノミア（*oikonomia*）は、ギリシア語の *oikos*（家）と *nemo*（管理する）という言葉によってなる。それゆえこの言葉は、本来、家令や財産管理人の仕事を意味していた、と言う[4]。しかしこの言葉は、キリスト教において、独特の意味を持って理解されるようになった。つまりそれは、御子イエスの受肉・死・復活を通して実現する「神の救いの営み」である。次に引用する「エフェソの信徒への手紙」には、そのことが簡潔に描かれている。

あなたがたのために神がわたしに恵みをお与えになった次第について、あなたがたは聞いたにちがいありません。初めに手短に書いたように、秘められた計画が啓示によってわたしに知らされました。あなたがたは、それを読めば、キリストによって実現されるこの計画を、わたしがどのように理解しているかが分かると思います。この計画は、キリスト以前の時代には人の子らに知らされていませんでしたが、今や〝霊〟によって、キリストの聖なる使徒たちや預言者たちに啓示されました。すなわち、異邦人が福音によってキリスト・イエスにおいて、約束されたものをわたしたちと一緒に受け継ぐ者、同じ体に属する者、同じ約束にあずかる者となるということです。神は、その力を働かせてわたしに恵みを賜り、この福音に仕える者としてくださいました。この恵みは、聖なる者たちすべての中で最もつまらない者であるわたしに与えられました。わたしは、この恵みにより、キリストの計り知れない富について、異邦人に福音を告げ知らせており、すべてのものをお造りになった神の内に世の初めから隠されていた秘められた計画が、どのように実現されるのかを、すべての人々に説き明かしています。（エフェソ3：2–9）

「神の内に世の初めから隠されていた秘められた計画」（*oikonomia tou mysteriou*）と語られる、この「神の救いの営み」は、端的に神の美を表している、と言えよう。

風土における〝美〟

最後に、風土と〝美〟との関係について、若干触れたい。あまり図式化するのもよくないが、一般的に西洋では、自然と人間は対峙関係で捉えられる。一方日本では、自然と人間を一体化して捉える、と言われる。もっと深い次元に遡れば共通性もあるだろうが、やはり、日本の風土だからこそ生まれてくる日本的な美というものが存在する。地中海の青い空や海からは、おそらく、水墨画は生まれてこないであろう。

日本人はまた、間においても美を見出す。それは、時間においてもまた空間においても、である。例えば、西洋の絵画では、隙間なく色を埋めていくが、日本画において空間は、重要な意味を持つ。このことは言葉においても見出される。例えば、俳句などは、言葉によって粉飾するのではなく、むしろ可能な限り言葉をそぎ落としていき、そこに日本独特の美を見るのである。

なぜ人は、〝美〟を求めるのであろうか。それは、それぞれの「いのち」には、生来、美への憧れがあるからである。また、美が美であることの根源には、秩序がある。この場合の美とは、単なる「美しい」ものではない。真・善・美が一つとなった調和における美にほかならない。このような美を、いのちは本来目指す。そしてそこにおいて、いのちは真の平和を見出す。それが、「秩序における静けさ」としての平和にほかならない。

註

第1部

前文

(1)聖書の引用および略語は、基本的に日本聖書協会編『聖書 新共同訳 旧約聖書続編つき』(二〇〇一年版)に拠る。ただし、漢字・仮名の表記は、本文に合わせることもある。

第1章

(1)平成一〇(一九九八)年以降、一四年連続で三万人を超えていたが、平成二四(二〇一二)年、一五年ぶりに三万人を下回った。

(2)Van Rensselaer Potter, "Bioethics, the Science of Survival," *Perspectives in Biology and Medicine* 14 (1970): 127–153. *Bioethics: Bridge to the Future* (Englewood Cliffs, N. J.: Prentice-Hall, 1971). 今堀和友・小泉仰・斎藤信彦訳『バイオエシックス——生存の科学』(ダイヤモンド社、一九七四年)。

(3)「共通善とは人間共同体、とりわけ完全な社会としての政治社会を構成する諸人格の共同的活動を通じて実現され、それら人格によって分有されるべき、政治社会全体の目的ないし善である。それは個々の人格に固有的な私的善(〔ラ〕*bonum privatum*)の単なる集積・総和ではなく、まさしく社会全体の善であり、すべての人格によって参与・共有されることの可能な(*communicabile*)善であるがゆえに『共通善』と呼ばれる。また共通善は公共施設、経済的繁栄、社会的秩序と安定の維持のみでなく、最も包括的な意味での諸人格の『善き生活』、すなわち精神的、道徳的、知的、芸術的など、諸々の人間的価値の最大限の実現をその内容として含んでいる。」稲垣良典「共通善」学校法人上智学院 新カトリック大事典編纂委員会編『新カトリック大事典第2巻』(研究社、一九九八年)。
(4)これは、アウグスティヌス(三五四–四三〇)が、「平和」を次のように定義した言葉による。すなわち、「平和とは、秩序の静けさである」(『神の国』XIX・13・1)。

第2章

(1)「徳」という字の「彳」は「行く」を意味し、右のつくりは「まっすぐな心」を意味すると言われる。そうすると、「徳」とは、それによって私たちが、まっすぐな心で人生を歩んでいけるもの、と考えられるだろうか。
(2)その意味は、卓越性、優秀性、長所、(道徳的に)善い行い、徳など。
(3)『ニコマコス倫理学』第二巻第六章。引用は、アリストテレス『ニコマコス倫理学(上)』高田三郎訳(岩波文庫、一九七一年)。
(4)同前。
(5)同前。
(6)同前。
(7)同前。
(8)アリストテレス『ニコマコス倫理学』第一巻第七章。
(9)クリスティー・スワントン「徳倫理学の定義」、ダニエル・C・ラッセル編『ケンブリッジ・コンパニオン 徳倫理学』立花幸司監訳(春秋社、二〇一五年)、四八〇頁。
(10)同前、四八四頁。
(11)同前、四八六–五〇五頁。
(12)ダニエル・C・ラッセル「徳倫理学・幸福・善き生」、同前、一四頁。
(13)ギリシア語では、「フロネーシス」(*phronēsis*)。
(14)ラッセル、一三頁。

(15)『ニコマコス倫理学』第一巻第七章。「〔人間の機能は或る性質の生、すなわち、魂の「ことわり」を具えた活動とか働きとかにほかならず、すぐれた人間の機能は、かかる活動とか働きとかをうるわしく行うということに存するのであって、すべていかなることがらもかかる固有の卓越性《アレテー》に基づいて遂行されるときによく達成されるのである。もしかくのごとくであるとするならば、〕」「人間というものの善」とは、人間の卓越性《アレテー》に即しての、またもしその卓越性が幾つかあるときは最も善き最も究極的な卓越性に即しての魂の活動であることとなる。」

(16)先にも述べたように、彼は、徳を二つのカテゴリーに分ける。一つは性格に関わる徳（人柄としての徳）である。例えばそれらは、公正、正直、気前のよさ、平静、友愛、機知、誇り、恥、勇気、節度である。もう一つは実践知性（practical intellect）に関わる徳（知的徳）であり、それが思慮である。

(17)ラッセル、二九頁。

(18)Alasdair MacIntyre, *After Virtue: A Study in Moral Theory* (Notre Dame: University of Notre Dame Press, 2007).
邦訳は、『美徳なき時代』篠崎榮訳（みすず書房、一九九三年）。

(19)「良い木は良い実を結び、良い行いは善い心から生まれる」（マタイ7：17参照）。

(20)*S.T.*, II-I, 68, 8. 邦訳は、トマス・アクィナス『神学大全 11』稲垣良典訳（創文社、一九八〇年）を参照。

(21)*Ibid.*, 55, 1, ad 1, 2, 3.

(22)*Ibid.*, 55, 4.

(23)*Ibid.*, II-I, 49, prologus.

(24)*Ibid.*, II-I, 90, prologus; 109.

(25)*Ibid.*, II-I, 55, 1.

(26)*Ibid.*, II-I, 55, 3.

(27)*Ibid.*, II-I, 62, 1.

(28)*Ibid.*

(29)稲垣良典「トマスにおける徳の概念」『トマス・アクィナス倫理学の研究』（九州大学出版会、一九九七年）、七三頁。
(30)*S.T.*, II-I, 49, 3.
(31)*Ibid.*
(32)*Ibid.*, II-I, 51, 2.
(33)*Ibid.*, II-I, 51, 2; 3
(34)稲垣、前掲、六八頁。
(35)同前、六九頁。
(36)*S.T.*, II-I, 61, 4.
(37)*Ibid.*, II-I, 60, 1; 65, 1.
(38)*Ibid.*, II-I, 64, 1.
(39)信仰・希望・愛は、神を直接の対象とする徳であり、精神の習慣である。*Ibid.*, II-I, 62, 1 参照。
(40)金谷治訳注『論語』（岩波文庫、一九九九年）。
(41)これらはそれぞれ、英語では次のように表される。the feeling of commiseration, the feeling of shame and dislike, the feeling of respect and reverence, the feeling of right and wrong.
(42)小林勝人訳注『孟子』上下（岩波文庫、一九七二年）。
(43)良心についてのより詳細な考察は、第3章において展開する。

第3章

(1)ある哲学者や啓蒙学者たちは、conscience を、いくつかの儒教の概念で置き換えることを試みた。例えば、道心、良知良能、羞悪の心、是非の心、本心、真心、恒心などである。しかし、最終的に「良心」に落ち着くこととなった。

(2)吉川幸次郎・清水茂校注『日本思想体系33　伊藤仁齋・東涯』(岩波書店、一九七一年)、七〇頁。

(3)鎌田正、米山寅太郎著『新漢語林　第二版』(大修館書店、二〇一一年)。

(4)第2バチカン公会議公文書公式訳改訂特別委員会監訳『第二バチカン公会議公文書　改訂公式訳』(カトリック中央協議会、二〇一三年)所収。

第4章

(1)『新共同訳聖書』では、「霊魂」という言葉の代わりに、「魂」という言葉が用いられる。それゆえ、以下の文中で語られる「魂」は、「霊魂」として理解されたい。

(2)デカルト(一五九六―一六五〇)の人間観は、身心二元論である。これが、良くも悪くも、近代西洋医療の発展の起点となった。彼によれば、人間は、精神と物体からなる。つまり、前者は「思惟」(*res cogitans*)として、また後者は「延長」(*res extensa*)として考えられた。一方、パスカル(一六二三―一六六二)によれば、人間は、(1)「物質・身体」(*corps*)、(2)「精神」(*esprit*)、(3)「愛」(*charité*)の三秩序によってなる。「どれほど多くの物質も、最小の知性に及ばず、どれほど優れた知性も最小の愛の業さえをも生まない」、と彼は語る。

(3)後ほど「肉」について言及するが、「身体」(ソーマ)は「肉」(サルクス)とは区別され、人間全体を意味する。パウロによれば、「肉」は世に属するが、「身体」は世における存在を意味する。

(4)ペルソナ(*persona*)とは、もともと、キリスト教神学における三位一体論やキリスト論において用いられたギリシア語のヒュポスタシス(*hypostasis*)の訳語であり、「位格」と翻訳される。

(5)はたして、*persona* の語源が *personare* にあるのか、また両者の間にどのような関係があるのか、今もって議論の余地があるようである。Charlton T. Lewis and Charles Short による *A Latin Dictionary* によれば、*persona* の語源は *personare* に見ることができるかもしれない。しかし同時にまた、W. Glare の *Oxford Latin Dictionary* では、エルトリア語語源説が掲げられている。

(6)仁志田博司『出生と死をめぐる生命倫理――連続と不連続の思想』(医学書院、二〇一五年)、二二一―二二三頁。

(7)品川哲彦『倫理学入門――アリストテレスから生殖技術、ＡＩまで』(中央公論新社、二〇二〇年)、一六一七頁。

第2部

前文

(1)Ｖ・Ｅ・フランクル『夜と霧――ドイツ強制収容所の体験記録』霜山徳爾訳(みすず書房、二〇〇二年)、一二一頁。

(2)Ｖ・Ｅ・フランクル『それでも人生にイエスと言う』山田邦男・松田美佳訳(春秋社、一九九四年)、一一〇頁。

第1章

(1)日本産科婦人科学会ＨＰ:「11.生殖補助医療(ＡＲＴ)」、「1.ＡＲＴの定義」より(https://www.jaog.or.jp/lecture/11-%E7%94%9F%E6%AE%96%E8%A3%9C%E5%8A%A9%E5%8C%BB%E7%99%82%EF%BC%88art%EF%BC%89/)〔二〇二三年六月三〇日閲覧〕。

(2)「人工授精」における「授」と「体外受精」における「受」の違いに、注意したい。前者は「授ける」の「授」が、後者は「受ける」の「受」が用いられている。

(3)*vitro*＞*vitrum*(ガラス)であり、*in vitro* は「ガラスの中で」、つまり「試験管内で」という意味になる。

(4)仁志田、一四八頁。

(5)日本産科婦人科学会雑誌第七三巻第八号(kyorin.co.jp)(http://www.jsog-oj.jp/toc07308.php)〔二〇二一年一〇月一六日閲覧〕。

(6)小原克博「人工授精・体外受精」神田健次編『講座 現代キリスト教倫理１ 生と死』(日本基督教団出版局、

一九九九年)、六一頁。

(7)日本産科婦人科学会雑誌第七三巻第八号 (kyorin.co.jp) (http://www.jsog-oj.jp/toc07308.php) [二〇二二年一〇月一六日閲覧]。

(8)朝比奈俊彦「体外受精・胚移植」近藤均他編『生命倫理事典』(太陽出版、二〇〇二年)。

第2章

(1)先天性疾患には、遺伝子病、染色体異常、胎芽病、胎児病などがある。例えば、ダウン症の発生率は、二〇歳では一一七七分の一、四〇歳では八六分の一である。仁志田、九一頁。

(2)佐藤孝道『出生前診断――いのちの品質管理への警鐘』(有斐閣、一九九九年)、一四四頁。

(3)同前、一八八頁。

(4)初めて羊水検査が行われたのは、一九六八年である。それ以降の時代を、佐藤は、三つの時代に分ける。(1)超音波断層機器の開発・普及がなされた一九八〇年頃、(2)ＤＮＡ診断や母体血清マーカー試験が始まった九〇年頃まで、(3)それ以降となる。羊水検査は、今でも、出生前診断において中心的位置を占めている。それによって、胎児染色体の病気の有無はほぼ一〇〇%判定できる、と言われている。同前、二五頁。

(5)例えば、陰性の場合、二一トリソミーを否定できるが、陽性の場合、一%の確率で二一トリソミーでない(偽陽性)可能性が残る、と言われる。仁志田、九一頁。

(6)羊水穿刺や絨毛採取による染色体検査は、それぞれ、〇・三%と一%の流産リスクがあるという。仁志田、九四頁。

(7)二〇一三年以降、新型出生前診断が行われているが、この名称について、仁志田博司は、「母体血中の胎児染色体検査」と呼ぶべきであって、「新型出生前診断」という名称は用いるべきではない、と述べている。仁志田、九〇頁。

(8)佐藤、五〇頁。

(9)室月淳『出生前診断の現場から――専門医が考える「命の選択」』(集英社新書、二〇二〇年)、六六頁。
(10)同前、六八頁。
(11)同前、七一頁。
(12)第2部第4章において、「相模原障害者施設殺傷事件」を具体例として取り上げ、考察する。
(13)佐藤、一四九頁。
(14)同前、一五八頁。
(15)同前、一六八頁。第二次世界大戦までの優生学は第一次優生学、それ以降の優生学は第二次優生学と呼ばれる。
(16)胎児の身長は約二五センチ、体重は約四〇〇グラム。母体保護法については、第3章の「人工妊娠中絶」を参照。
(17)しかし、民法第八八六条(胎児の相続権)では、相続権は、出生で始まるとされる。
(18)さらに詳しく見るならば、⑴ 全能細胞の時期を過ぎた時(八細胞期胚)、⑵ 原始線条のできた時(受精後一五日頃/妊娠四週頃)、⑶ 神経系が形成された時(妊娠九週頃)。仁志田、七四‐七五頁参照。
(19)この点については、第1部第2章の「人格的存在としての人間」を参照。

第3章

(1)佐藤、一二九頁参照。
(2)同前。
(3)令和三(二〇二一)年一二月、英国の製薬会社ラインファーマが、経口中絶薬の日本での製造販売の承認申請を厚生労働省に行なった。この薬剤によって中絶が行われる場合、「ミフェプリストン」(別名 RU-486)と「ミソプロストール」という二種類が、この順番で投与される。前者は、胎児や着床している胚への栄養が絶たれ、子宮内で餓死させられる。二日後に後者が投与され、死滅した胎児及び胎嚢と血塊が排出される。大量の出血や感染症等の副作用が確認されており、母体への危険も極めて高い。このように、この経口中絶薬は、胎児の人権・尊厳を奪うものであるが、そもそも、いのちを奪うものが薬と呼ばれること自体が問題であろう。
(4)佐藤、四三頁。
(5)同前、四四頁。
(6)「均衡型というのは、染色体が全体として過不足がない状態をいう。均衡型転座染色体異常で染色体が四五本になるものをロバートソン転座と呼ぶ。それ以外に染色体数が四六本のままのものがあって、これを相互転座という」(同前、一九頁)。
(7)谷本光男「ロウ対ウェイド事件」近藤均他編『生命倫理事典』(太陽出版、二〇〇二年)参照。
(8)同前。
(9)ホセ・ヨンパルト+秋葉悦子『人間の尊厳と生命倫理・生命法』(成文堂、二〇〇六年)、一六八―一六九頁。なお、二〇二二年六月二四日、米連邦最高裁判所は、人工妊娠中絶を「憲法上の権利」と認めた一九七三年の「ロウ対ウェイド判決」を覆す判断を下した。最高裁判事九人のうち六人が、妊娠一五週以降の中絶を禁じるミシシッピ州の州法を合憲と認めた。
(10)馬渕浩二「パーソン論」『生命倫理事典』参照。

第4章

(1)植松聖死刑囚側が、二〇二二年四月一日付で、横浜地裁に再審を請求し、地裁はすでに受理、再審開始の可否を判断する旨が伝えられた。「東京新聞」二〇二二年四月三〇日、朝刊。
(2)市野川容孝「反ニーチェ」『現代思想』第四四巻第一九号(青土社、二〇一六年)。
(3)優生思想は、優生学(eugenics)に基づいた考えである。eugenics は、*eu*(よい、優れた)+genics＜*genus*(出生、由来)から成る。直訳すれば「よい生まれ」となるが、その内実は、優れたものは残し劣ったものは排斥する、というものである。優生には二つの側面があり、一つは「悪い遺伝子を避ける」というものであり、もう一つは「良い遺伝子を保つ」というもの。前者は「肯定的優生」、後者は「否定的優生」と呼ばれる。佐藤、前掲書、一四四–一四五頁参照。
(4)障害には、身体障害、知的障害、そして精神障害がある。
(5)森達也「『事件』の特異性と普遍性を見つめて」、前掲『現代思想』。
(6)「ヘイトクライムとは、個別のトラブルや怨恨等を理由とするものではなく、生まれながらの人種、民族、宗教、性的指向、障害等の特定の属性を持つ対象への偏見や差別にもとづく憎悪によって引き起こされる暴力、虐待等を意味する。」保坂展人『相模原事件とヘイトクライム』(岩波書店、二〇一六年)、八頁。
(7)「毎日新聞」二〇一六年七月二八日。
(8)桐原尚之「〝役に立たない〟〝危険な人間〟二つの苦しみ」、前掲『現代思想』。
(9)船橋裕晶「精神障害者の立場からみた相模原障害者殺傷事件」同前。
(10)深田耕一郎「介護者は『生気の欠けた瞳』をしているのか」同前。

コラム2

(1)辰巳芳子『仕込みもの』(文化出版局、二〇一三年)、六頁
(2)平成一〇(一九九八)年以降、一四年連続で三万人を超えていたが、平成二四(二〇一二)年、一五年ぶりに三万人を下回った。
(3)第1部第1章「『生命』から『いのち』へ」を参照。

第5章

(1)そもそも、「脳死」とは、奇妙な表現である。というのは、一般的に、ある臓器の機能が失われたとき、その臓器名に「死」という言葉を付けて表現されることはない。例えば、肝臓死、膵臓死、腸死など。ただ、心臓に限っては特別である。なぜなら、心臓の機能が停止すれば、明らかにその人は死ぬからである。
(2)小松美彦『脳死・臓器移植の本当の話』(PHP新書、二〇〇四年)、六〇–六一頁。

（3）イギリスでは、脳幹の機能停止のみの「脳幹死」をもって脳死とする。
（4）吉開俊一『臓器移植の誤解をとく――いのちをつなぐ贈りもの』（木星舎、二〇二〇年）、六七頁。
（5）http://www.asas.or.jp/jst/general/number/ ［二〇二〇年四月一三日閲覧］
（6）日本臓器移植ネットワークＨＰ（jotnw.or.jp）：「臓器移植後の生存率（五年）」（https://www.jotnw.or.jp/explanation/04/04/）［二〇二三年七月一〇日閲覧］
（7）吉開、一三八頁。
（8）小松美彦『自己決定権は幻想である』（洋泉社、二〇〇四年）、六五–六六頁。
（9）小松『脳死・臓器移植の本当の話』、八二頁。
（10）同前、一二〇–一二一頁。
（11）同前、一二五頁。シューモンの言葉は、彼の次の論文による。Alan D. Shewmon, "The Brain and Somatic Integration: Insights into the Standard Biological Rationale for Equating 'Brain Death' with Death," *Journal of Medicine and Philosophy* 26 (5): 473–474.

第6章

（1）ヨンパルト＋秋葉『人間の尊厳と生命倫理・生命法』、一五三頁。
（2）星野一正『わたしの生命はだれのもの――尊厳死と安楽死と慈悲殺と』（大蔵省出版局、一九九六年）、四一頁。「慈悲殺」とは、「親兄弟や友人、看護婦など患者の身近で世話をしている人などが、患者の苦しみなどに同情し、無理に生かし続けることに忍びなく、本人の意思によらず、また本人の同意や承諾も得ずに、第三者が患者の生命を短縮し終焉させることにより患者が迎える死」である。有名な森鷗外の『高瀬舟』が、思い出されるかもしれない。
（3）具体的場面において、選択される医療手段が、全体的見地においてどのような意味があるか、また、どのような効果をもたらすかといった観点から、「選択的手段」（optional means）、あるいは「義務的手段」（obligatory

means）と呼ばれることもある。
(4)浜口吉隆『キリスト教からみた生命と死の医療倫理』（東信堂、二〇〇一年）、八八頁。
(5)B・ヘーリンク『生命・医・死の倫理』（中央出版社、一九九〇年）、二一三–二一四頁。
(6)金沢文雄『刑法とモラル』（一粒社、一九八四年）、二二六–二二七頁。
(7)浜口、二三二頁。
(8)同前、二四七–二四八頁。
(9)同前、二四八–二四九頁。
(10)同前、二三九頁。

第7章

(1)スプランクニゾマイは、新約聖書において、一二回現れる。そのうち、主語がイエスの場合が九回（マタイ9：36、14：14、15：32、20：34、マルコによる福音書〔以下、マルコ〕1：41、6：34、8：2、9：22、ルカ7：13）、その他は、たとえ話の中で語られる（マタイ18：27〔寛大な主君〕、ルカ10：33〔善いサマリア人〕、15：20〔放蕩息子の父〕）が、その主語は、おそらく神であろう、と推測される。
(2)シスター・M・シモーヌ・ローチ『アクト・オブ・ケアリング』鈴木智之・操華子・森岡崇訳（ゆみる出版、二〇〇七年）、四七頁。
(3)ミルトン・メイヤロフ『ケアの本質——生きることの意味』田村真・向野宣之訳（ゆみる出版、二〇一一年）、一七–二二頁。
(4)ローチ、九九–一一一頁。⑤のcommitmentは、一つの日本語に置き換えるのは難しいが、その意味は、「惜しみない心で相手に関わること」であろうか。
(5)ローチ、一九一頁。
(6)Morton Kelsey, *Caring* (New York: Paulist Press, 1981), 38.

(7)神への愛と隣人への愛が不可分であることについて、ヨハネは次のように語る。「『神を愛している』と言いながら兄弟を憎む者がいれば、それは偽り者です。目に見える兄弟を愛さない者は、目に見えない神を愛することができません。神を愛する人は、兄弟をも愛すべきです。これが、神から受けた掟です」(一ヨハネ4：20-21)。

第8章

(1)柏木哲夫『定本 ホスピス・緩和ケア』(青海社、二〇〇六年)、二二〇頁。柏木は、ホスピスにおけるコミュニケーションの極意は、「情を込める」ことにある、と言う(二四一-二四三頁)。
(2)同前、四一-四二頁。
(3)第1部第4章「キリスト教における人間観」参照。
(4)川越厚・渡部純子「ホスピス」神田健次編『【講座】現代キリスト教倫理1 生と死』、一七五-一七六頁。ソンダースはまた、「何もできないことを知りながら、患者のそばにいつづけることがターミナルケアの神髄」である、と語る。
(5)柏木、八七-八九頁参照。
(6)同前、三六-三七頁。
(7)川越・渡部、神田編、一八二頁。
(8)井深大によれば、人間の教育とは、本来、知育・体育・徳育が統合的に行われてはじめて意味をなすものである。にもかかわらず、日本の戦後の教育は、あまりにも知育偏重に流され、徳育がなおざりにされてきた。その結果どうなったか、それは、私たちが日々目にするところである。井深大『心の教育――戦後教育が置き忘れた「あと半分の教育」』(ゴマブックス、二〇〇五年)、二六-二九頁参照。
(9)日本語訳は、改正後のものも含めて、宇都宮輝夫「人生物語としてのスピリチュアリティ――現代医療の現場で」湯浅泰雄監修『スピリチュアリティの現在――宗教、倫理、真理の観点』(人文書院、二〇〇三年)、二五六頁で紹介されているものを使用した。
(10)WHO「ガンの緩和ケアに関する専門委員会報告」(一九八三年)。
(11)以下の考察は、宇都宮の論文(前掲書、注(11))に基づく。
(12)なお宇都宮によれば、スピリチュアリティへの関心は、一九八二年から急速に高まってきたと言う。一九六七年に聖クリストファー・ホスピスを創設したシシリー・ソンダースは、一九八八年、末期患者の苦痛を、身体的、心的、スピリチュアル(霊的)、社会的という四要素からなる〝トータル・ペイン〟として捉える論文を発表した。
(13)日本ホスピス緩和ケア協会:https://www.hpcj.org/[二〇二二年一〇月一六日閲覧]

第9章

(1)DEATH PENALTY INFORMATION CENTER: https://deathpenaltyinfo.org/policy-issues/deterrence。アムネスティ・インターナショナル日本:https://www.amnesty.or.jp/human-rights/topic/death_penalty/qa.html#Q1(二〇二三年六月三〇日閲覧)。
(2)「東京新聞」二〇一八年一二月二七日、夕刊。ただし、刑事訴訟法四七五条二項により、法務大臣は、判決確定後六か月以内に刑の執行を命じなければならない。また、同四七五条一項によって、法務大臣の命令から五日以内に刑を執行しなければならないことになっている。しかしこの条項に罰則がないことが、恣意的な運用を可能にしている。
(3)ヨンパルト+秋葉『人間の尊厳と生命倫理・生命法』、一八四頁。
(4)山本周五郎もまた、同様のことを語る。「ゆるすということはむずかしいが、もしゆるすとなったら限度はない、――ここまではゆるすが、ここから先はゆるせないということがあれば、それは初めからゆるしてはいないのだ」「ちくしょう谷」『ちいさこべ』(新潮文庫、二〇一三年)、三六二頁。
(5)『マグニフィカト』第一八巻八号(二〇一六年)、一八七頁。

(6)Romano Guardini, *The Lord*, tr. Elinor Castendyk Briefs (Washington, D.C.: Regnery Publishing/Gateway Editions, 1996), 151.
(7)Ibid., 351.
(8)教皇フランシスコ「『カトリック教会のカテキズム』公布二五周年の集い参加者への講話（二〇一七年一〇月一一日）」『オッセルバトーレ・ロマーノ』（二〇一七年一〇月一三日号）。

コラム3

(1)『第二バチカン公会議公文書　改訂公式訳』（カトリック中央協議会、二〇一三年）所収。

第3部

第1章

(1)ロロ・メイ『愛と意志』小野泰博訳（誠信書房、一九七七年）、四五六–四五七頁。
(2)「からだ」を表記するにあたって、（聖書からの引用は除いて）ここでは「体」ではなく、「身体」を使用したい。なぜなら、私たちは、普段何気なく「身《み》」という文字を使っているが、この言葉には、実際、さまざまな興味深い意味があるからである。例えば、つぎのような慣用表現を思い起こすことができるだろう。「身が入る、身に覚えがある、身にしみる、身につく、身につまされる、身になる、身の振り方を考える、身を固める、身を砕く、身を削る、身を焦がす、身を粉にする、身を捨てる、身を立てる、身を尽くす、身を任せる、身を持ち崩す」。このように、「身」は、私たちの生活において重要な位置を占めていることが、理解される。
(3)ガブリエル・マルセル『マルセル著作集2　存在と所有・現存と不滅』信太正三他訳（春秋社、一九七一年）、八〇–八一頁参照。
(4)パウロは、「肉（体）」（サルクス *sarx*）と「身体」（ソーマ *sōma*）とを区別する。ここで「体」と翻訳された言葉は、すべて「ソーマ」である。

第2章

（1）カント『道徳形而上学原論』篠田英雄訳（岩波文庫、二〇一二年）、一〇一頁。
（2）第1部第4章「キリスト教における人間観」参照。

第3章

（1）Welfare and Medical Service Network System［WAM NET］「第8回：非言語的コミュニケーションの力」（wam.go.jp）［二〇二二年五月一四日閲覧］。

第4章

（1）山本周五郎『月の松山』（新潮文庫、一九八三年）所収。
（2）ステファニー・クナウス「キリストの虹色の体とクィア神学」『神学ダイジェスト』一二四号（二〇一八年夏）、九頁。
（3）同、一〇頁。
（4）多田富雄『生命の意味論』（新潮社、一九九七年）、一〇一―一一七頁参照。
（5）「男性化するにはY染色体の全ての部分が必要かというと、実はそうではない。染色体がXXなのに男性である人がごくまれに存在する。詳しく調べた結果、この人はY染色体の一部分がX染色体に移って（転座して）しまっている人であり、特にY染色体のSRYという領域がXに移ったために男性となったことが解った。実験的に、マウスにSRY領域を導入してトランスジェニックマウスを作成したところ、染色体はXXであるのにオスとなったことからも、SRY領域が男性化をする遺伝子を含んでいることが明らかとなった。このSRY領域から発現する遺伝子はDVA結合タンパク質であり、男性化を引き起こすための多くの遺伝子の発現を調節していることが解っている」東邦大学ホームページ・理学部生物分子科学科・高校生のための科学用語集・生物用語「性決定のしくみ（sex determination）」より引用（https://www.toho-u.ac.jp/sci/biomol/glossary/bio/sex_determination.html）［二〇二三年七月一三日閲覧］。
（6）教皇フランシスコ『使徒的勧告　愛のよろこび』（カトリック中央協議会、二〇一七年）、二五〇項。
（7）ホアン・マシア「カトリック倫理の発展と教皇フランシスコ――同性婚論争を背景に」『福音と社会』三二七号（二〇二三年）、二三頁。

コラム4

（1）今道友信『美について』（講談社現代新書、二〇一五年）。
（2）辰巳良子『辰巳芳子のことば　美といのちのために』（小学館、二〇一七年）、一〇二頁。
（3）志村ふくみ『色を奏でる』（ちくま文庫、二〇〇一年）、四六―四八頁。
（4）P・ネメシェギ「オイコノミア」学校法人上智学院新カトリック大事典編纂委員会編『新カトリック大事典第一巻』（研究社、一九九六年）。

おわりに

人間は、実に不確かな存在である。たとえ誠実に生きようとしても、いつもそれが実現できるというわけではない。これが、人間の現実である。それゆえ、私たちには、何らかの秩序が求められる。それをここでは、「倫理」と呼びたい。私たちは、ここを起点として、これまで考察を進めてきた。私たちが求めるこの倫理は、ただ単に、私たちに義務や規則・規範の遵守を求めるといったものではない。もしそうなら、私たちの真の自由は歪められ、本来あるべき方向、すなわち真の仕合せへと導かれることはないだろう。私たちがここで提示した倫理は、物語としての「いのちの倫理」である。この倫理の原点は、まず「いのちの尊厳」を守ること、これである。同時にまた、複雑な現実生活の中にあって、しなやかに具体的諸問題に相対していくことが求められる。それによって、私たちは、自らの仕合せを目指すと共に、「共通善」の実現へと導かれていくだろう。

私たちの生活・世界は、常に変化して行く。それは多くの場合、進歩・発展と言われるかもしれない。かつては可能性の域にあったものが、今日では現実のものとなっている、ということも珍しくはない。そのような現実にあって、私たちには忘れてはならないことがある——それが、「いのちの尊厳」である。「可能であるからといって、それをやってもいいのか」——私たちは、常にこの問いかけに立ち帰らなければならない。それは、さまざまな生殖医療に関する問題であっても、また性の問題であっても同様である。たとえ難しい問題であっても、私たちは、常に誠実な態度でそれらに相対することが求められるだろう。

「はじめに」でも述べたように、私はこれまで、上智大学において、「いのちの倫理」と「性の倫理」という授業を開講してきた。この二つを一つにまとめたい――これが、本書を著そうとした原点である。どうにかまがりなりにも、このような一冊にまとめることができた。しかしそれに至るまでには、実に長い時間がかかってしまった。それにもかかわらず、このような形で上梓することが可能となったのは、ひとえに、春秋社の小林公二さんの寛大な心と忍耐のおかげにほかならない。この場をお借りして、心からの感謝を申し上げたい。また拙著が、一人でも多くの人に、何らかのインスピレーションを与えると共に、より良き方向性を示すことの一助となるならば、望外の喜びである。

この図書は、上智大学個人研究成果発信奨励賞（学術図書出版助成）プログラムの助成を受けて刊行したものである。

竹内修一（たけうち・おさむ）
1958年生まれ。上智大学文学部哲学科卒業。同大学院哲学研究科修士課程修了。同大学神学部卒業。ウェストン・イエズス会神学大学院にて神学修士号取得。バークレー・イエズス会神学大学院にて神学博士号取得。現在、上智大学神学部教授。専門は、倫理神学。著書に、『風のなごり』（教友社、2004年）、『ことばの風景——福音の招きとその実り』（教友社、2007年）、『J・H・ニューマンの現代性を探る』（共著、南窓社、2005年）、『教会と学校での宗教教育再考——〈新しい教え〉を求めて』（共著、オリエンス宗教研究所、2009年）、『宗教的共生の思想』（共著、教友社、2012年）、『宗教的共生の展開』（共著、教友社、2013年）、『宗教的共生と科学』（共著、教友社、2014年）、『【徹底比較】仏教とキリスト教』（共著、大法輪閣、2016年）、『「いのち」の力——教皇フランシスコのメッセージ』（共著、キリスト新聞社、2021年）など。

いのちと性の物語
人格的存在としての人間の倫理

2023年9月20日　第1刷発行

著者——————竹内修一
発行者—————小林公二
発行所—————株式会社 **春秋社**
〒101-0021 東京都千代田区外神田 2-18-6
電話 03-3255-9611
振替 00180-6-24861
https://www.shunjusha.co.jp/
印刷・製本————萩原印刷 株式会社
装丁——————河村　誠

ISBN978-4-393-32411-0
定価はカバー等に表示してあります